S. PHILIPPART

LETTRES

AU

NATIONAL

QUESTIONS ÉCONOMIQUES. — LE CRI D'ALARME DES GRANDES COMPAGNIES.
LE NOUVEAU RÉSEAU. — LES LIGNES D'INTÉRÊT DÉPARTEMENTAL.
LES SOCIÉTÉS DE CRÉDIT : LA BANQUE FRANCO-HOLLANDAISE ET LE CRÉDIT MOBILIER.
RÉPONSE AUX CALOMNIES.

OPINION DES PRINCIPAUX JOURNAUX DE PARIS SUR LA MOTION DE M. LE MARQUIS DE PLOEUC

« *Caveant Consules !* »

PARIS
IMPRIMERIE CENTRALE DES CHEMINS DE FER
A. CHAIX ET Cie
RUE BERGÈRE, 20, PRÈS DU BOULEVARD MONTMARTRE
1875

LETTRES

AU

NATIONAL

« Caveant consules ! »

TABLE DES MATIÈRES

Indications des divers sujets traités dans les Lettres au National.

Opinion des principaux journaux de Paris sur la motion de M. le marquis de Plœuc :

Des attaques violentes, trop passionnées pour être sincères, et dont la soudaineté a révélé l'origine et le but, ont été dirigées, dans ces derniers temps, contre les diverses entreprises industrielles et financières auxquelles M. S. Philippart a prêté son concours et celui de ses amis de France et de Belgique.

Plusieurs journaux n'ont pas hésité à s'en faire l'écho. Mais *le National* s'est distingué, entre tous, par la véhémence de sa polémique; c'est donc à lui que M. S. Philippart, sortant d'une réserve que lui commandait sa dignité, s'est adressé pour répondre à ses adversaires anonymes.

Un cri d'alarme avait, d'ailleurs, retenti dans les colonnes du *National : Caveant consules!...* Il devait tout à la fois émouvoir les lecteurs du journal, et frapper l'attention des hommes d'honneur, dont on essayait de contester les droits et de suspecter les intentions.

Les *Lettres* qu'on va lire ont pris ce cri pour épigraphe. S'il faut veiller sur la patrie, en face de l'Étranger, il faut aussi veiller, à l'intérieur, sur tous les intérêts moraux et matériels; sur les coalitions industrielles qui paralysent l'essor de la prospérité publique ; sur les spéculations privilégiées qui arrêtent le développement des forces économiques internationales. Il faut, en un mot, dégager l'avenir, si plein de ressources, des liens étroits et égoïstes qui enserrent le présent !

Les singulières thèses économiques soutenues par *le National* semblent, du reste, n'avoir été émises que pour servir de cadre à des récriminations personnelles et à des insinuations voisines de la calomnie. Insoutenables par elles-mêmes, elles ont favorisé une mauvaise action, dont l'opinion publique éclairée ne peut manquer de faire justice.

C'est pourquoi ces *Lettres*, extraites du journal qui les a accueillies au nom du droit de réponse, sont réunies en brochure. Il importe que la vérité reçoive la plus large publicité possible.

Aussi bien convient-il, plus que jamais aujourd'hui, de ne pas laisser sans réfutation énergique certaines accusations qui ont trouvé place dans la presse. Les hostilités provoquées contre M. S. Philippart et ses amis viennent de changer de terrain : elles ont gagné les hauteurs de la scène parlementaire. La tribune de l'Assemblée de Versailles a retenti d'une motion de M. le marquis de Plœuc, qui soulèvera forcément un débat important. Quelques éléments de la controverse qui se prépare pourront être utilement puisés ici.

Il ne s'agissait d'abord que de rivalités industrielles. On songe maintenant à ravir à la France le privilége d'accueillir et de féconder, au profit de tous, les activités étrangères. On conteste, au nom d'un patriotisme faussement alarmé, le grand principe conservateur de l'internationalité des intérêts. — Attaques de la presse, injures soldées, calomnies préméditées, motions parlementaires, tout vient donc contribuer à donner à ces *Lettres* le caractère d'un document pour une cause publique.

Mars 1875.

A Monsieur le Rédacteur en chef du NATIONAL

PREMIÈRE LETTRE

SOMMAIRE : Les calomnies. — L'or prussien. — Projets hostiles à la France. — Utilité en temps de guerre de la multiplicité des voies ferrées. — Origine des bruits calomnieux. — Le Réseau-Forcade. — Son exécution sur le territoire belge. — M. Bleichroder, de Berlin. — Avantages pour l'industrie française. — La coalition des grandes Compagnies.

MONSIEUR LE RÉDACTEUR EN CHEF,

Vous me pardonnerez la forme un peu brutale dans laquelle je revendique mon droit de réponse aux différents articles publiés par votre estimable journal.

J'ai la conviction que vous eussiez accueilli ma lettre, si je vous l'avais fait remettre de la main à la main ou par la voie de la poste ; mais, je me permets de vous la transmettre par ministère d'huissier, pour bien constater que sa reproduction dans votre journal est un droit que j'exerce, et non une faveur que je tiens de votre courtoisie.

Calomnies. — L'or prussien. — Projets hostiles à la France.

Il y a longtemps, monsieur le rédacteur en chef, que ma personne est le point de mire d'attaques dont j'espère vous démontrer l'injustice.

Il y a longtemps que circule, sous le manteau, le bruit que je ne suis que le représentant d'influences étrangères et hostiles à la France : l'or prussien, disait-on tout bas, alimenterait mes combinaisons ; les concessions qui ont été accordées aux Compagnies françaises dont j'ai l'honneur d'être administrateur n'auraient d'autre objectif que la constitution de réseaux stratégiques destinés, à un moment donné, à faciliter l'invasion jusqu'au cœur de la France.

Jusqu'à ce jour, je vous l'assure, monsieur le rédacteur en chef, j'avais prêté peu d'attention à ces bruits, le bon sens public devant en faire prompte et sommaire justice. Dans un pays où les principes de l'économie politique ont été étudiés, scrutés et précisés avec tant de soin et de talent, il me paraissait que chacun devait être convaincu que les voies ferrées sont, avant tout, des instruments de paix, et que le développement des moyens de circulation est le premier moteur du progrès.

Utilité, en temps de guerre, de la multiplicité des voies ferrées.

Il me semblait qu'en cas de guerre, les voies ferrées sont, surtout et avant tout, un moyen de défense et d'attaque pour le pays qui les possède, puisqu'elles facilitent la concentration et les mouvements de l'armée nationale; il me semblait, enfin, que si l'on devait les considérer comme un moyen d'invasion, le patriotisme devait aller plus loin, et non-seulement interdire la construction de ces réseaux secondaires, appelés seulement à desservir des intérêts locaux et départementaux, mais encore demander la destruction de ces grandes lignes internationales, qui mettent plus directement en rapport le cœur de la France avec Berlin et l'Allemagne, que ne pourrait le faire, j'imagine, un chemin de fer entre Orléans et Rouen, entre Glos-Montfort et Pont-Audemer, ou entre Montoire et Tours. Pour être logique, ce patriotisme qui s'écrie : *Caveant consules!* ne devrait-il pas conseiller la construction en France d'une grande muraille de Chine, tout le long de ses frontières, afin d'isoler ce beau et riche pays, dont le monde entier vit, mais qui vit du monde entier, de manière à le préserver de tout contact avec les nations voisines?

Mais lorsqu'un bruit perfide, parti on ne sait d'où, se trouve tout à coup accueilli par un journal aussi autorisé que le vôtre et propagé par les mille voix de sa publicité, il prend corps, et il altère, permettez-moi de le dire, ce bon sens public, sur lequel je me suis reposé jusqu'à ce jour.

Les bruits calomnieux. — Leur origine.

Vous en êtes vous-même un frappant exemple : induit en erreur par la persistance de ce bruit, vous en arrivez à l'accepter; bien plus, à vous en faire l'organe. Il importe à ma dignité, plus encore qu'à mes intérêts, de le démentir; et je suis trop sûr de votre courtoisie et de votre impartialité pour n'être pas convaincu que vous accueillerez ma défense, comme vous avez accueilli l'agression, en donnant à l'une comme à l'autre la même large mesure de publicité.

Les bruits répandus contre ma personnalité, au sujet d'une prétendue alliance que j'aurais faite avec le gouvernement allemand, ont leur source dans des événements que l'on a singulièrement travestis.

Puisque vous m'en offrez l'occasion, ce dont je vous remercie, je m'en vais m'expliquer sur ce point, en toute franchise et en toute sincérité.

Vous n'avez point, monsieur le rédacteur en chef, perdu le souvenir d'un de vos estimables confrères, M. Forcade, que la presse française regrette comme l'un de ses champions les plus dévoués et les plus honorés. M. Forcade avait sollicité et obtenu la concession d'un grand réseau international, dont le nom indiquait l'objet : il s'appelait le réseau *Franco-Belge-Prussien*, et était destiné à mettre le nord-est de la France en rapport avec Cologne et le Rhin, en traversant les Ardennes belges. M. Forcade, dans la poursuite de ce projet, avait mis toute l'énergique activité de ses dernières années ; il avait fait l'œuvre sienne, à tel point que ce réseau, aujourd'hui encore, même dans les documents officiels, porte le nom de *Réseau-Forcade.*

M. Eugène Forcade. Ses projets de chemins de fer. — Le grand réseau Franco-Belge-Prussien.

Votre honoré confrère ne se serait point douté, qu'on aurait pu, un jour, l'accuser du crime de lèse-patriotisme, pour avoir tenté de créer, entre son pays et le reste du monde, des moyens de communications plus promptes et plus économiques ! M. Forcade, malgré les efforts incessants qui ont usé sa vie, n'était point parvenu, cependant, à réunir les capitaux nécessaires à la réalisation de ses projets. Sa tâche restait inachevée ; le cautionnement d'un million qu'il avait déposé allait être confisqué ; les frais d'étude qu'il avait faits allaient être perdus, lorsque le gouvernement belge, qui avait suivi les efforts de M. Forcade d'un œil favorable, proposa à une Société belge dont j'étais administrateur de reprendre ces concessions, de façon à permettre la restitution du cautionnement engagé et le rachat du dossier d'études.

C'est ainsi, monsieur le rédacteur en chef, que cette Société se trouva substituée à M. Forcade dans la concession, sur le territoire belge, des lignes qu'il avait à construire. Dans la pensée du Conseil d'administration de cette Société, le projet de M. Forcade fut immédiatement réduit à des proportions plus modestes, et par conséquent plus pratiques ; l'idée internationale disparut, et des lignes, dont le tracé Forcade faisait un trait d'union entre la France et l'Allemagne, il ne resta bientôt plus que celles qui avaient pour objectif la mise en communication des établissements métallurgiques du bassin de Charleroi avec les minières du grand-duché de Luxembourg, où ces établissements s'alimentent.

Une société belge, dont M. Philippart est administrateur, adopte le projet Forcade.

C'était pour nous un moyen de tirer parti, tout à la fois, des lignes de chemins de fer qui nous avaient été concédées dans le grand-duché, et des terrains miniers qui nous y avaient été attribués à titre de subsides. Et, chose caractéristique, monsieur le rédacteur en chef, ce réseau Forcade s'exécute aujourd'hui par le Gouvernement belge lui-même, dans la forme et d'après les tracés que nous avions projetés, sans que jamais le Gouver-

Alliance du réseau Forcade aux lignes de la Belgique et du Luxembourg. — Intervention du Gouvernement belge.

nement français ait songé un seul instant à considérer la construction de ces lignes comme une atteinte à la neutralité, ni à intervenir pour en empêcher l'établissement!

C'est, cependant, à propos de ce chemin, que surgit, pour la première fois, cette accusation ridicule d'agent prussien, dont me poursuit la malignité. L'objectif de la Société, à qui les concessions de M. Forcade avaient été remises, et que je viens de vous indiquer plus haut, exigeait le rachat de la ligne de Bruxelles à Luxembourg. Sous les auspices du Gouvernement belge, un syndicat de banquiers belges songea à constituer la Société belge-luxembourgeoise, ayant pour objet le rachat de la grande Compagnie de Luxembourg et la construction de celle des lignes de l'ancien réseau Forcade, qui devait mettre le bassin de Charleroi en rapport avec le grand-duché et ses minières.

M. Bleichroder, banquier à Berlin. — Souscripteur de l'Emprunt français.

Parmi ces banquiers belges se trouvaient des amis de la maison de banque Bleichroder, de Berlin; grâce à leur intervention, celle-ci promit de souscrire une certaine part de l'affaire.

Vous voudrez bien vous souvenir, monsieur le rédacteur en chef, que c'est la même maison Bleichroder, qui a souscrit une grosse part de l'Emprunt français de trois milliards; c'est la même maison, qui est journellement en relations avec les principaux établissements financiers de Paris, et il n'est venu jusqu'à présent à la pensée de personne, j'imagine, d'accuser ces établissements d'entretenir des rapports coupables avec l'ennemi de la France, parce qu'ils sont en relations d'affaires avec M. Bleichroder, banquier à Berlin.

J'ajouterai, encore, que l'intervention de M. Bleichroder dans une entreprise essentiellement belge, essentiellement industrielle, ne fut pas de longue durée.

Construction d'une partie du réseau Forcade.

Le gouvernement belge, par des considérations économiques dont l'examen nous conduirait trop loin, reprit lui-même de nos mains les lignes du Grand-Luxembourg, garda pour lui le réseau Forcade et fit, avec nous, la convention du 31 janvier 1873, approuvée par la loi du 15 mars suivant. Cette convention nous chargeait de construire, à raison de 200,000 francs par kilomètre, les chemins de fer du réseau Forcade, dont nous abandonnions la concession au profit du gouvernement, et accordait aux lignes que nous possédions dans le grand-duché, les avantages considérables que nous avions en vue par nos projets primitifs.

Avantages pour l'industrie française.

Et remarquez, monsieur le rédacteur en chef, que la construction de ces lignes, effectuées en ce moment même pour le compte du Gouvernement belge, favorise singulièrement l'industrie française. Vous n'ignorez par l'importance des établissements métallurgiques qui se trouvent dans le voisinage de la frontière belge, sur le territoire français, du côté de Maubeuge, d'Erquelines et de Hautmont. Ces établissements, comme ceux du bassin de Charleroi, tirent leur minerai du grand-duché de Luxembourg ; les lignes nouvelles que nous construisons doivent leur apporter à moins de frais le pain quotidien dont ces usines ont besoin, et leur permettre de vivre et de lutter contre la concurrence étrangère. Ces faits sont de notoriété publique et confirmés par des documents législatifs.

Accusations sans preuves.

Ils constatent mon souci de poursuivre l'œuvre projetée par un de vos compatriotes les plus dignes d'estime, une œuvre essentiellement utile aux intérêts français. Est-donc parce que M. Bleichroder, qui n'a fait que promettre, pour une affaire déterminée, un concours qu'il n'a pas eu à tenir, et qui n'y a passé qu'un instant, qu'on pourra m'accuser de connivence avec les ennemis de la France et m'imputer l'intention de chercher à y réaliser des projets hostiles à sa prospérité ? Vous ne devez pas avoir, monsieur le rédacteur en chef, l'habitude de vous payer de mots. Il ne doit pas vous suffire qu'un homme soit incriminé, pour que vous mêliez votre voix à celles qui l'attaquent sans preuves. A toute accusation vague vous devez vouloir un corps : c'est ce corps que je vous invite à chercher. Je vous préviens que vous ne trouverez pas autre chose que ce dont je viens de vous faire un exposé fidèle. Vous avez tout intérêt, vous-même, monsieur le rédacteur en chef, à faire prévaloir ces principes d'impartialité et de justice, dont je réclame le bénéfice.

La coalition des grandes Compagnies.

Ne dit-on pas que ces accusations de prussianisme, dirigées contre moi ne sont qu'une machine de guerre employée par les grandes Compagnies, pour renverser une personnalité trop active, qui a l'audace de chercher à compléter le réseau national et à développer ainsi la richesse publique ?

Ne dit-on pas que la Compagnie du Nord et celle de Paris-Lyon Méditerranée se servent de l'autorité de votre nom et de l'immense publicité de votre journal, pour faire une croisade contre votre humble serviteur ?

Ne dit-on pas que, lorsque votre journal contient, au sujet des petites Compagnies, des articles semblables à ceux auxquels je réponds, il est distribué par toute la France avec une profusion coûteuse ?

En ce qui me concerne, je n'en crois pas un mot. De même que je ne mérite pas l'indignité que les méchants m'imputent, je ne mérite pas l'excès d'honneur d'être considéré comme un sujet de crainte par les grandes Compagnies ; de même que j'ai le plus profond mépris pour les bruits propagés par la malignité publique, quand ils s'adressent à ma personne, j'ai pour eux le même dédain quand ces bruits s'adressent à des gens qui, comme vous, ont droit à l'estime. J'aurais encore, monsieur le rédacteur en chef, bien des choses à reprendre dans l'article où vous me faites l'honneur de vous occuper de moi. Je serais heureux de profiter de l'hospitalité de votre journal pour vous donner des renseignements complets sur les affaires que j'ai été appelé à réaliser en Belgique, et sur l'issue heureuse à laquelle elles sont arrivées; j'aurais même désiré vous entretenir des projets que je réaliserai en France, où j'ai été amené à traiter des affaires semblables, qui, je n'en doute pas, auront le même succès.

Mais je m'aperçois que ces considérations me feraient excéder mon droit de réponse. Il vous suffira, du reste, de manifester votre intention de continuer cette correspondance, pour que je me mette à votre disposition de la manière la plus absolue. Les luttes courtoises sont loin de me déplaire, et je suis prêt à la riposte comme à la défense.

Veuillez agréer, monsieur le rédacteur en chef, l'assurance de ma haute considération.

S. PHILIPPART.

Paris, le 15 février 1875.

DEUXIÈME LETTRE

SOMMAIRE : Les entreprises auxquelles j'ai concouru. — La Compagnie du Nord-Est. — La Compagnie d'Orléans à Rouen. — La Compagnie de Lille à Valenciennes. — Travaux décrétés d'utilité publique. — Projets datant de 1869. — Union des petites Compagnies. — Formation d'un réseau unique et homogène. — Les petites lignes en temps de guerre. — Ce qui reste du Réseau Forcade. — Le Crédit Mobilier.

MONSIEUR LE RÉDACTEUR EN CHEF,

La longue réponse que vous voulez bien consacrer à la lettre que j'ai eu l'honneur de vous adresser me prouve que vous êtes tout disposé à suivre la polémique à laquelle vous m'avez convié. Je m'empresse donc, suivant les désirs que vous manifestez ainsi, de poursuivre le cours des explications que vous me demandez. L'intermédiaire d'un huissier vous paraissant inutile, j'abandonne volontiers son ministère et me borne à charger ma lettre pour lui donner une date certaine.

Permettez-moi d'abord, monsieur le rédacteur en chef, de m'étonner de vous savoir si mal renseigné sur l'histoire des faits que nous avons à examiner ensemble. Je regrette que vous n'ayez pas suivi ces faits, depuis l'origine, avec l'attention que vous leur accordez aujourd'hui.

Entreprises auxquelles a concouru M. Philippart.

Je suis pour vous un nouveau venu ; les projets que je poursuis ne paraissent vous avoir été révélés que dans ces tout derniers temps. Bien que je n'aie jamais été, comme en ce moment, et, grâce à vous, le point de mire de l'attention publique, je ne suis cependant pas aussi nouveau venu que vous le croyez bien. Je juge nécessaire, pour vous le démontrer, de vous signaler quelques dates. Ce sont celles des concessions accordées, par le Gouvernement français, aux diverses Sociétés dont je suis administrateur.

La Compagnie du Nord-Est.

La Compagnie du Nord-Est se compose d'un ensemble de lignes concédées comme d'intérêt général, *par la loi du 22 mai 1869*, avec garantie de l'État pour moitié, et, pour l'autre moitié, par les départements du Nord, du Pas-de-Calais et de l'Aisne.

La Compagnie d'Orléans à Rouen.

Le réseau de la Compagnie d'Orléans à Rouen, dont la ligne principale part d'Orléans et aboutit à Rouen, en passant par Chartres, Dreux et Elbeuf, été constitué par des conventions faites avec les départements du Loiret, 'Eure-et-Loir, de l'Eure et de la Seine-Inférieure, et décrété d'util publique *les 4 août 1869, 31 juillet 1871, 22 ao t 1871, 23 janvier 1872, 5 avril 1873, 1er août et 21 novembre 1874.*

Ce réseau a été augmenté par l'adjonction : 1° des lignes de l'Oise, décrétées le 6 juin 1872, au profit de la Compagnie du Nord, et rétrocédées par celle-ci à la Compagnie d'Orléans à Rouen, par convention du 25 octobre 1872 ; 2° des lignes de Seine-et-Marne et de Seine-et-Oise, concédées directement par ces départements, les 17 février, 9 avril et 30 août 1872, et dont nous attendons le décret d'utilité publique.

La Compagnie d'Orléans à Rouen a encore repris, de la Compagnie d'Orléans à Châlons, l'exploitation d'un certain nombre de lignes (Orléans-Rouen-Nord).

La Compagnie de Lille à Valenciennes.

Enfin, la Compagnie de Lille à Valenciennes, dont la ligne principale, concédée comme d'intérêt général, *le 11 juillet 1864*, a complété son réseau par l'adjonction de la ligne de Sedan à Lérouville, décrétée le *2 août 1862*, et d'un grand nombre de chemins secondaires, concédés depuis 1871 jusqu'en 1874.

La Compagnie de Lille à Valenciennes a repris l'exploitation du chemin de fer de Lille à Béthune et Bully-Grenay, par convention d'avril 1872, et a traité de la reprise de l'exploitation de Valenciennes à Maubeuge, dont la concession remonte au 14 novembre 1871.

Tel est, monsieur le rédacteur en chef, le résumé succinct des différentes concessions qui nous ont été successivement accordées, dont l'utilité publique a été reconnue par des décrets ; pour lesquelles des cautionnements importants ont été déposés, des travaux considérables effectués, et dont une grande partie est actuellement construite ou en cours d'exploitation, dont le surplus est en construction ou en voie d'achèvement, — toutes circonstances que vous me paraissez complétement ignorer.

Concessions décrétées. Travaux d'utilité publique.

Où tend donc la campagne que vous faites et quel but atteindrez-vous, en proférant votre cri de ralliement : *Caveant consules !* Est-ce à accuser d'imprévoyance ou d'étourderie le Gouvernement qui nous a, depuis 1869, conféré ces diverses et nombreuses concessions ? Est-ce à l'engager à ne pas laisser exploiter ou construire ces lignes, qui sont réclamées au nom de l'utilité publique reconnue par tous les corps constitués ? Mais ces réseaux ont fait l'objet de contrats. Nous avons pris l'engagement de les construire et de les exploiter. Si, pour ne pas donner prise aux critiques qui voient dans leur établissement un danger public, nous arrêtions nos travaux, c'est le Gouvernement lui-même, ce sont tous les départements intéressés dont nous traversons le territoire, qui, les contrats de concession à la main, nous obligeraient à les construire, et nous défendraient de renvoyer toutes les brigades d'ouvriers que nous occupons partout ! Le danger public, que vous signalez, s'il existait, — c'est, en définitive, l'Etat qui le laisserait créer, bien plus, qui le créerait lui-même. — Ne garantit-il pas ici nos obligations ? Ne nous subventionne-t-il point là-bas, pour que nous construisions les chemins, dont il a reconnu l'utilité publique et dans lesquels vous voyez un danger public ?

Le concours donné par M. Philippart à la construction et à l'exploitation de lignes françaises date de 1869.

Et puisque je viens de rappeler des dates, vous me pardonnerez, monsieur le rédacteur en chef, de vous faire remarquer combien elles éloignent la possibilité des insinuations dont je suis l'objet. Nous sommes en 1875, et c'est à partir de 1869 que le Gouvernement et les départements nous ont confié la construction et l'exploitation de ces nombreuses lignes de chemins de fer. Avouez que si, en 1869, nous avions eu l'idée de constituer un réseau d'invasion pour l'Allemagne, nous aurions fait preuve d'un esprit de prévision, d'une connaissance de l'avenir, que les plus fins politiques n'ont jamais eue ! Qui donc aurait prédit, en 1869, les événements qui se sont brutalement imposés depuis 1870?

Mon mérite est plus humble, monsieur le rédacteur en chef : il consiste uniquement à avoir cherché, dès 1869, un champ nouveau à l'activité de l'industrie française, à ma propre activité, si vous le voulez même.

D'autres étrangers, avant M. Philippart, ont construit des chemins de fer en France.

Après avoir fait des chemins de fer en Belgique, j'ai voulu en faire en France, absolument comme un de mes compatriotes, dont le nom et la réputation vous sont bien connus, M. Parent, ou comme les Anglais qui ont construit les lignes de l'Ouest. J'ai été attiré en France par ces affaires, absolument comme les étrangers qui font actuellement partie du personnel ou de l'administration des grandes Compagnies. Le propre du caractère de votre nation, monsieur le rédacteur en chef, est de s'assimiler tout ce qu'il y a de capacités à l'étranger : L'artiste étranger n'est célèbre, que lorsqu'il a reçu le baptême de Paris. Vous citerai-je les noms de ceux qui, quoique nés dans d'autres coins du monde, sentent battre dans leur poitrine des cœurs sympathiques à la France? Mais vous les connaissez mieux que moi. En ce qui me concerne, je n'ai pas la prétention de compter parmi les capacités, que Paris absorbe tous les jours, et je me bornerai à constater que j'ai été attiré, comme tant d'autres, à chercher en France une sphère d'action plus large que celle que je trouvais dans mon pays.

Union des petites Compagnies.

Et quelle est l'œuvre que je poursuis? J'ai eu l'honneur de vous dire que nous avions depuis longtemps dans les mains un grand nombre de concessions, pour l'exploitation desquelles se sont constituées les Compagnies de

Lille à Valenciennes, d'Orléans à Rouen, du Nord-Est, etc.; mais, restan isolées, les Compagnies secondaires ont à lutter chacune contre les com pétitions des grandes Compagnies, qui les enserrent et les ménagent peu Nous ne sommes pas, hélas! les seuls en France qui représentions les che mins de fer d'intérêt local; d'autres vous diront aussi les luttes qu'ils on à soutenir, et les moyens qu'on emploie pour assurer aux grandes Com pagnies le monopole de l'industrie des transports par voies ferrées.

Les petites Compagnies ne peuvent prospérer qu'à la condition de fusionner.

La seule arme que possèdent les petites Compagnies, le seul moyen effi cace pour lutter contre la puissance de leurs adversaires, c'est de se grou per, et de faire, de leurs divers réseaux, un tout compact et indépendant c'est de ne pas avoir à discuter avec les grandes Compagnies les questions d parcours communs, de gares communes; c'est d'unir leurs rails bout à bout de façon à diminuer leurs frais d'exploitation, et de s'assurer des transport à longue distance; c'est de développer le trafic entre des centres de pro duction et des centres de consommation qui ne sont pas encore desservis ou qui le sont mal par les anciens réseaux.

Cette fusion, cette union ou ce groupement des lignes secondaires es un phénomène fatal de l'industrie des chemins de fer. Rappelez-vous c qui s'est passé en Belgique, où le réseau du Grand-Central, l'une des So ciétés les plus prospères du monde entier, s'est constitué des concession de sept Compagnies distinctes; où la Société générale d'exploitation, qu j'avais l'honneur d'administrer, avait réuni en un seul faisceau les ligne de dix-neuf entreprises indépendantes, au moment où l'exploitation de ce lignes fut reprise par l'État! Avant la constitution de ces deux groupes chacune de ces vingt-six Compagnies agissait isolément; enchevêtrées dans le réseau de l'État, elles avaient peine à lutter et à vivre. Réunies sous l direction puissante du Grand-Central ou sous celle de la Société générale d'exploitation, elles ne tardèrent pas à voir des jours plus prospères: leurs obligations, qui étaient jadis dépréciées, aujourd'hui sont côtées à des cours qui dépassent largement celui de 300 francs.

Formation d'un réseau unique et homogène.

C'est, monsieur le rédacteur en chef, à une œuvre semblable, que nous consacrons nos efforts, en France. Nous voulons arriver (et nous arriverons, parce que l'idée est saine et pratique), à créer, à l'aide des diverses conces- sions qui nous ont été accordées, un réseau unique et homogène; ce réseau cherchera ses éléments de prospérité dans les longs parcours; il favorisera l'activité des échanges entre les diverses zones dépourvues de ces instruments de travail et de richesse publique; composé de lignes nombreuses s'enlaçant et s'entrecroisant avec de nombeux points de contact, il aura partout du trafic à recevoir et du trafic à transmettre; il aura partout, enfin, comme moyen, si vous ne voulez pas que ce soit comme but, l'intérêt des populations à satisfaire !

La Compagnie de Lille à Béthune.

Ce système a, du reste, fait ses preuves en France. Puisque vous vous occupez des choses de chemins de fer, et spécialement de mes affaires, il n'est pas possible que vous ayez oublié que la Compagnie de Lille à Béthune, dont les lignes sont aujourd'hui enclavées dans les nôtres, reconnaît avoir été sauvée grâce à notre intervention.

Le Rapport présenté, le 30 octobre 1873, aux actionnaires de cette Compagnie, s'exprimait de la manière suivante : « Notre situation présente, » notre avenir tout entier, ont été gravement menacés, et nous devons re- » connaître que notre crédit est sorti intact de cette crise, grâce au géné- » reux concours que nous a prêté M. Philippart, administrateur délégué de » la Compagnie de Lille à Valenciennes... Il nous paraît opportun de recon- » naître que M. Philippart a rendu dans cette circonstance un grand service » à la Compagnie. Nous savons qu'il est animé envers nous des sentiments » les plus bienveillants, et qu'il considère le succès futur de notre ligne, » comme intimement lié à celui de tout le réseau dont il s'est rendu adju- » dicataire dans le nord de la France. Nous croyons que nous serons les » interprètes des sentiments de l'Assemblée, en lui exprimant ici toute notre » gratitude. »

La Compagnie du Nord et la Compagnie du Nord-Est.

Il n'est pas possible non plus que vous ayez oublié un fait contemporain du précédent. En 1870, était intervenu un traité entre la Compagnie du Nord et notre Compagnie du Nord-Est, pour la reprise de l'exploitation, par la première de ces Compagnies, des lignes concédées à la seconde. Le gouvernement refusa d'approuver ce traité, qui devint caduc. Ainsi, d'une part, notre sphère d'action s'élargissait, et de l'autre le Gouvernement lui-même nous interdisait, au nom de l'intérêt public, de céder une partie de notre réseau à une grande Compagnie..

Que notre système puisse nuire aux grandes Compagnies, et par contre à l'État, qui les garantit, vous me permettrez d'en douter. Il n'est pas plus logique de soutenir que ces lignes, appelées à desservir des intérêts négligés par les anciens réseaux, puissent porter préjudice à ceux-ci, qu'il n'était logique, jadis, à l'époque de leur création, de soutenir que les routes et les canaux allaient être ruinés par la construction des voies ferrées.

L'union des lignes en Belgique.

Le développement des chemins de fer crée des sources de trafic là où il n'en existait pas, et chacun peut se faire sa place au soleil, sans pour cela nuire à son voisin. En Belgique, le réseau de l'État faisait, en 1860, alors qu'il n'avait pas de concurrent, une recette kilométrique moyenne de 35,000 francs environ. La constitution des réseaux du Grand Central et de la Société générale d'exploitation ne paraît pas avoir influé sur la progression de la recette, laquelle, en 1870, dépassait 50,000 francs par kilomètre.

Que ce système puisse, en temps de guerre, devenir un danger, vous me permettrez encore d'en douter! Évidemment, les chemins de fer (l'expérience l'a démontré) sont de puissants moyens d'action et, comme vous le dites, de terribles moyens de guerre; mais, c'est précisément pour ce motif qu'il importe à chaque nation de les développer sur son territoire. Sortez un instant de France; voyagez en Allemagne, et vous verrez avec quel soin ce pays serre les mailles de son réseau, entre-croise ses lignes, de façon à pouvoir, de vingt points différents, amener ses régiments à tel point désigné. Ce sont les voies ferrées qui facilitent la mobilisation des troupes et assurent la rapidité de leur concentration.

La France n'aurait-elle pas le même intérêt?

Les petites lignes en temps de guerre.

Le jour de la guerre, vous verrez si nos lignes ne serviront pas. Chacune de ces voies, qui vous apparaissent comme un danger public, puisera le soldat dans chaque foyer pour l'amener à la frontière. Ne vous inquiétez pas des mains dans lesquelles se sera, en temps de paix, trouvée la possession de ces instruments; car, le jour de la guerre, ils appartiendront tous à la France. Ne vous préoccupez pas du personnel dirigeant ces entreprises; car ce personnel sera à la dévotion de la nation, comme celui des grandes Compagnies. Ne craignez pas que le matériel de transports vous échappe; car il ne pourra sortir de France. Vaines seraient les combinaisons qui chercheraient à le soustraire à l'armée du pays!

Oui, les chemins de fer sont des instruments de guerre; mais ils appartiennent à ceux qui savent les garder plus encore qu'à ceux qui veulent les prendre. Et c'est précisément parce que ce sont des instruments si terribles et si efficaces, qu'il faut en munir son pays, comme on munit les arsenaux, de boulets et les citadelles, de canons. Ah! si le gouvernement, au lieu de concéder, en 1863, à la Compagnie de l'Est la ligne de Reims à Metz, l'avait accordée à M. Parent, dont je parle plus haut, alors qu'il la demandait, en 1860, et offrait de la construire en cinq ans, elle eût été terminée en 1865, tandis qu'au moment de la guerre, elle était à peine achevée jusqu'à Verdun! Que de revers, que de catastrophes eussent peut-être été épargnées à la France!

La prétendue solidarité des intérêts prussiens et des intérêts de M. Philippart.

Pardonnez-moi, Monsieur, la vivacité de mes expressions. A Dieu ne plaise que je veuille vous donner des leçons de patriotisme, ou même d'économie politique! Mais je suis amené à parler ainsi par la persistance que l'on met à m'attribuer un rôle attentatoire à la dignité d'un homme d'honneur. J'ai des précédents, dites-vous, et je suis en aveu : je reconnais les relations que j'ai eues avec M. Bleichroder, *banquier de M. de Bismarck*. Effacez, je vous prie, ce mot et cette insinuation de votre polémique, et rappelez plutôt à vos lecteurs que le nom de M. Bleichroder est mêlé à ceux des établissements de crédit français les plus dignes de respect dans tous les syndicats importants.

Il est tout aussi irrationnel d'insinuer que je suis l'agent de M. de Bismarck, parce qu'il y a deux ans j'ai eu avec M. Bleichroder des rapports éphémères et sans résultats, qu'il serait logique de signaler ces établissements de crédit à la vindicte publique, parce qu'ils continuent leurs relations journalières avec une maison de banque de Berlin.

De même que vous ne me paraissez pas bien au courant de ce qui s'est passé en France depuis 1869, en ce qui concerne l'industrie des chemins de fer, vous ne me paraissez pas davantage au courant des faits que vous affirmez, relativement au réseau Forcade et à son prétendu rachat par le Gouvernement belge.

« Le réseau Forcade, dites-vous, n'avait pas, en 1868, la portée que la guerre
» de 1870 devait lui donner et qu'il a conservée depuis ; l'importance de cette
» ligne s'est révélée tout à coup lorsqu'un conflit a paru imminent entre la
» France et l'Allemagne, et le Gouvernement belge a dû obtenir en 1869, par
» voie diplomatique, l'abandon de la reprise de cette voie par la Compagnie
» de l'Est, sous prétexte que cette possession pourrait nuire à la neutralité
» belge. C'est également pour le même motif que le Gouvernement belge a
» dû, en passant par des conditions onéreuses, retirer des mains de M. Phi-
» lippart la même ligne, dont ce dernier est devenu le maître, par le rachat
» à Londres de 80,000 actions. »

Ce qui reste du réseau Forcade.

Si vous tenez vos renseignements sur l'intervention du gouvernement allemand dans mes affaires, de la même source que ceux-ci, je ne m'étonne plus, monsieur le rédacteur en chef, des erreurs où vous paraissez vous complaire.

Je ne reviendrai plus sur l'historique, que je vous ai fait dans ma première lettre, des lignes Forcade et du Grand-Luxembourg ; qu'il me suffise de vous faire observer que l'ensemble de ce réseau, aujourd'hui constitué, se compose de lignes qui n'ont plus aucun caractère international ni stratégique. Il a pour unique objectif de relier le grand-duché de Luxembourg et son bassin minier, à Liége, d'une part, à Charleroi, de l'autre, c'est-à-dire aux bassins métallurgiques et houillers.

J'ajouterai que la compagnie de l'Est n'a jamais voulu reprendre le réseau Forcade, et que je n'en ai jamais acheté 80,000 actions.

Quant aux considérations économiques qui ont engagé le Gouvernement belge à reprendre la ligne du Luxembourg, et à constituer dans cette zone le réseau que nous construisons en ce moment pour son compte, je me bornerai à vous renvoyer aux discours prononcés, en 1873, à la Chambre des députés de Belgique, par M. Malou, ministre des Finances.

Questions diverses — Réponses.

Je ne veux pas vous faire ici des citations, qui allongeraient inutilement la réponse que j'ai l'honneur de vous adresser, et je terminerai, monsieur le rédacteur en chef, en répondant d'une manière catégorique aux questions diverses que vous posez.

Vous me demandez si j'ai pu laisser « séparés et intacts entre eux les » capitaux des diverses lignes dans lesquelles j'ai également la main ? »

Je vous réponds que chaque Société a son capital séparé, lequel est exclusivement employé au payement de ses travaux et de son matériel roulant.

Vous me demandez s'il ne peut « pas arriver que, pour faciliter une entre » prise nouvelle, pour laquelle je trouverais le public rétif, je sois *tenté* » d'emprunter le capital réalisé ou réalisable de quelque autre Compagnie ? »

Insinuer qu'un homme peut être tenté d'accomplir un acte blâmable, n'est pas un argument digne de vous, ni qui mérite que j'y réponde.

Votre plume a été sans doute au-delà de votre pensée.

Il me suffit de vous rappeler à des procédés plus courtois.

Le Crédit Mobilier.

Vous vous effrayez de voir « la Société, à la tête de laquelle je me trouve, » entreprendre de devenir maîtresse du Crédit Mobilier, » et vous demandez pourquoi tant de fusions et d'absorptions ?

Ce n'est pas, comme vous le craignez, pour ramener les grands jours de la spéculation : c'est pour unir à l'entreprise industrielle l'instrument de crédit. Et ce ne sera pas, j'imagine, mon moindre titre à vos yeux, que de reconstituer un établissement français ne s'occupant plus désormais que d'intérêts français, au lieu de s'occuper, comme tant d'autres, d'emprunts turcs, espagnols ou péruviens !

« Pourquoi, me dites-vous, entreprendre tant de choses à la fois et ne » pas attendre le développement naturel d'une conception qui, si elle est » bonne et certaine de l'avenir, n'a pas besoin de précipitation ? »

Les projets de M. Philipart datent de 1869.

La conception, comme j'ai eu l'honneur de vous le montrer, date de 1869 : elle consiste dans le groupement rationnel d'un certain nombre de concessions. Elle est une et non pas multiple. Je la poursuis avec énergie, parce que l'heure de sa réalisation a sonné, maintenant que nos lignes sont construites ou sur le point de l'être.

J'admets volontiers que ce n'est point de parti pris, que les attaques passionnées dont elle est l'objet ont trouvé dans vos colonnes un écho redoutable. Je n'ai jamais supposé, quoi que vous en disiez, que *le National*, » pour agir et parler comme il le fait, ne songeât qu'aux intérêts des grandes » Compagnies; » mais, de votre côté, vous ne m'en voudrez pas de croire que les susceptibilités de votre patriotisme ont été mises inutilement et imprudemment en éveil, ce que je vous prouverai, du reste, de plus près, si vous voulez bien m'en fournir l'occasion.

Agréez, monsieur le rédacteur en chef, etc., etc.

S. PHILIPPART.

Paris, le 19 février 1875.

TROISIÈME LETTRE

SOMMAIRE : Nouvel exposé des opérations basées sur le plan du Réseau Forcade. — Les ressources financières des petites Compagnies. — Les dépenses des grandes Compagnies. — Les émissions des petites et des grandes Compagnies. — La Commission extra parlementaire des chemins de fer. — Le rachat par l'État des lignes de chemins de fer. — L'exemple de la Belgique.

Monsieur le Rédacteur en chef,

Habemus confitentem reum! vous écriez-vous dans l'article, que vous voulez bien encore me consacrer dans votre numéro du 21 février.

Je n'ai jamais autant regretté de ne pas savoir manier le beau langage avec l'urbanité et la précison qui vous caractérisent. Je n'ai jamais autant déploré la tache originelle que j'ai contractée, en naissant dans cette Béotie, si voisine d'Athènes par son territoire, et si éloignée, cependant, par la délicatesse des procédés.

Il faut, Monsieur, que je me sois, dans ma première lettre, exprimé d'une manière bien malheureuse, pour que, malgré l'évidente impartialité de votre discussion, vous n'ayez pu saisir dans mes paroles que le timide aveu d'un coupable.

Encore la calomnie relative aux intérêts prussiens. — Nouvel exposé des opérations entreprises sur les plans du réseau Forcade.

Me voilà donc encore forcé de revenir sur cette histoire fantasmagorique du Prussien. Je vais tâcher d'être clair et précis.

Je vous ai dit — et je ne crois pas vous avoir affirmé autre chose — que j'avais, en 1870, obtenu du gouvernement belge la concession de l'ancien réseau, auquel Eugène Forcade avait attaché son nom, et dont je lui avais repris et payé les études. J'ai cherché ensuite à tirer parti de cette concession, en constituant une Société Belge-Luxembourgeoise, qui avait pour objet l'exploitation des lignes du Grand-Luxembourg et la construction de la partie du réseau Forcade servant à relier les dépôts miniers du Grand-Duché et les bassins métallurgiques de Liége, de Charleroi et de Maubeuge. J'ai reconnu que, dans cette Société Belge-Luxembourgeoise, la maison Bleichroder, de Berlin, avait pris un certain intérêt; mais qu'en définitive, le gouvernement belge, continuant l'œuvre de l'unification du réseau national, avait repris pour son compte l'exploitation du Grand-Luxembourg et nous avait chargé, à raison de 200,000 francs par kilomètre, de la construction du réseau industriel appelé à remplacer le réseau Forcade.

Encore M. Bleichroder.

Parce que M. Bleichroder aura, pendant quelques semaines, pris l'engagement de s'intéresser dans une affaire industrielle, traitée en Belgique et ne concernant que ce pays, sans même que son intervention y ait laissé de traces, dois-je être à jamais suspect de prussianisme? Nos compagnies, quand elles s'occupent d'une affaire quelconque, vont-elles à tout jamais ressembler au cheval de Troie et recéler dans leur flanc des légions ennemies?

Les alliés de la Société belge-luxembourgeoise : MM. Fortamps et Regray.

S'il en est ainsi, Monsieur, laissez-moi donc vous dire le nom de nos complices dans cette œuvre de perversité, qu'on appelait la reprise du réseau Forcade. Savez-vous quel était l'Établissement, qui patronnait la Société Belge-Luxembourgeoise et nous apportait le puissant concours de sa collaboration? C'était la *Banque de Belgique* elle-même, la Banque de Belgique, dont le gouverneur est l'honorable *M. Fortamps,* et je n'ai pas besoin de vous dire de quel respect le nom de M. Fortamps est partout entouré.

Et la grande Compagnie du Luxembourg, qui se cédait ainsi à une Société prussienne, qui consommait par son adhésion à nos combinaisons l'œuvre anti-française que vous signalez à la vindicte publique, qui donc en était alors le directeur? C'était *M. Regray,* « ancien ingénieur, appar-» tenant au corps du génie français, homme d'une grande valeur et d'un » grand patriotisme, qui était en Belgique, non-seulement le directeur du » Grand-Luxembourg, mais le représentant officiel de l'Est français. » Et voilà l'homme à qui nous nous serions confiés, pour consommer des projets politiques et stratégiques hostiles à la France!

De bonne foi, Monsieur, tout cela est-il assez absurde?

Votre article du 21 février renferme heureusement des choses plus intéressantes.

Questions économiques. — Les ressources financières des petites Compagnies.

Laissant la question politique, vous abordez le terrain financier. Le capital qu'une petite Compagnie se procure, par voie d'émission d'obligations, dites-vous, est inférieur de 20 0/0 à celui que peuvent, pour un même intérêt, trouver les grandes Compagnies. Les petites Compagnies ont donc besoin, pour lutter avec celles-ci, ou mieux, pour arriver à des résultats identiques, d'un produit plus élevé.

Tel est votre raisonnement. Si les prémisses en sont justes, il n'en est pas de même de la conclusion.

Les dépenses des grandes et des petites Compagnies.

Encore une fois, Monsieur, vous ne me paraissez pas bien connaître les conditions d'organisation des grandes et des petites Compagnies.

Supposez qu'une ligne d'intérêt secondaire soit concédée à une grande

Compagnie, — ce qui arrive souvent, — et qu'elle soit construite par elle, — ce qui n'arrive pas toujours : à quel chiffre se monte le devis des dépenses de premier établissement de la ligne ? Je crois être au-dessous de la vérité, en l'évaluant, en moyenne, à 300,000 francs par kilomètre, matériel roulant non compris. C'est *au moins* le chiffre que révèle la lecture des rapports annuels des Conseils d'administration. Or, à l'aide de quelles ressources ce capital de 300,000 francs est-il obtenu? Ce n'est point à l'aide d'une augmentation du capital-actions ; c'est *exclusivement* à l'aide d'émissions d'*obligations*. La grande Compagnie aura donc à créer par cette voie et à amortir un capital de 300,000 francs par kilomètre. Le service de l'intérêt et de l'amortissement de ce capital exigera une somme ronde annuelle de 16,000 francs par kilomètre. Pour que la recette nette couvre la charge de ce service, et en admettant une exploitation à raison de 50 0/0, il faut que la recette brute s'élève à 32,000 francs par kilomètre. Tant qu'elle n'aura pas atteint ce chiffre, il y aura des insuffisances, et, comme vous le dites, la grande Compagnie aura, pour y faire face : 1° le déversoir des lignes mères ; 2° la garantie de l'État.

Lorsqu'au contraire la même ligne d'intérêt secondaire est concédée à une petite Compagnie, — ce que vous voudriez ne pas voir, — et que celle-ci la construit, — ce qui arrive toujours, — vous nous indiquez vous-même le coût kilométrique de son établissement. « Il peut en moyenne, dites-vous, » coûter 150,000 francs par kilomètre, matériel compris. » Le matériel roulant d'une ligne pouvant être évalué à 20,000 francs par kilomètre, disons, Monsieur, pour établir la comparaison avec le chiffre précédent, que la ligne de la petite Compagnie coûtera 130,000 francs en moyenne, par kilomètre, matériel non compris, tandis que la même ligne coûterait 300,000 francs à la grande Compagnie. Maintenant, où la petite Compagnie trouvera-t-elle le capital qui lui est nécessaire ? Ce n'est pas seulement dans une émission d'obligations ; car, vous n'êtes pas sans savoir que, d'après les actes de concession et la jurisprudence du Conseil d'État, il doit toujours exister une proportionnalité entre le capital-obligations et le capital-actions, et que la petite Compagnie ne peut même être autorisée à émettre ses obligations, que lorsqu'elle justifie avoir employé en travaux, sur le terrain, une notable partie de son capital-actions.

Les émissions des grandes et des petites Compagnies.

La petite Compagnie trouvera donc ce capital de 130,000 francs par kilomètre : 1° dans le produit de ses actions ; 2° dans le produit des obligations, qu'elle aura été autorisée à émettre. Prenons que ce capital-obligations soit, par exemple, de 90,000 francs par kilomètre. Comme la petite Compagnie n'a pas à sa disposition la garantie, par conséquent le crédit de l'État, il est certain qu'elle ne placera pas ses titres au même taux que les grandes Compagnies.

Si le capital qu'elle pourra se procurer ainsi est de 20 0/0 inférieur à celui que peuvent trouver ses adversaires, elle devra donc créer, pour représenter ces 90,000 francs, un nombre de titres plus considérable que ne le fait la grande Compagnie. Mettons, si vous le voulez, que le service de l'intérêt et de l'amortissement de ces obligations s'élève annuellement à 6,500 francs par kilomètre; il suffira donc d'une recette brute de 13,000 francs, avec le même coefficient d'exploitation (50 0/0), pour en couvrir la charge.

Ainsi la grande Compagnie a besoin d'un produit brut de 32,000 francs par kilomètre, tandis que la petite peut se contenter d'un produit brut de 13,000 francs.

Or, à ce chiffre de 13,000 francs, il est aisé d'arriver, et l'on n'a besoin, pour en couvrir les insuffisances, s'il en existe pendant les premières années, ni du déversoir de lignes mères, ni de la garantie de l'État. Les quelques subventions qui lui auront été accordées y pourvoiront, le cas échéant.

En résumé, la petite Compagnie construit à moins de frais; elle ne construit pas exclusivement avec le produit de ses obligations, mais elle y affecte en notable partie le produit de ses actions. Par voie de conséquence, elle n'a pas besoin d'un produit brut aussi élevé; elle n'a pas besoin surtout de trouver l'équivalent de ces 103 millions, auquel vous élevez vous-même le concours annuel (*et inutile*) de l'État et des contribuables dans la construction des chemins de fer.

L'opinion favorable de M. Brame, député du Nord.

Presqu'au moment, Monsieur, où vous publiiez votre article, la Commission extra-parlementaire de la Chambre se réunissait, et un discours de l'honorable M. Brame, député du Nord, confirmait tout ce que je viens de vous exposer.

L'honorable député rappelait qu'en 1868, le gouvernement proposa au Corps législatif de concéder à la Compagnie du Nord 47 kilomètres de chemins dans le département du Nord, moyennant *une subvention s'élevant en capital et garantie d'intérêt à 350,000 francs par kilomètre.* Il ajoutait que son collègue, M. Plichon, et lui, effrayés des sacrifices qu'on demandait à l'État, s'opposèrent à l'adoption du projet de loi, et s'adressèrent à ma Compagnie; que j'acceptai, sans hésiter, leurs propositions, et que je m'engageai à construire et j'ai construit, moyennant 150,000 francs par kilomètre (matériel compris) non pas les 47 kilomètres, mais plusieurs centaines de kilomètres, avec une garantie de 5 0/0 sur ce capital maximum.

La Commission extra-

Lisez, je vous prie, le procès-verbal de la séance du 20 février 1875 de la

parlementaire des chemins de fer.

Commission extra-parlementaire. Je suis intimement convaincu qu'il vous intéressera.

Vous ouvrez encore, Monsieur le rédacteur en chef, un vaste champ d'hypothèses où je n'hésiterai pas à vous suivre.

Le rachat par l'État des lignes de chemins de fer.

Vous me dépeignez comme alléché par les résultats inespérés que j'ai obtenus en Belgique. Je ne rêverais qu'une chose : c'est d'arriver à une telle pression sur l'État, que celui-ci, imitant l'exemple de la Belgique, nous rachète tout notre réseau au taux de 200,000 francs, c'est-à-dire avec un bénéfice de 50,000 francs par kilomètre.

Tout d'abord, Monsieur, ce rêve serait assez insensé.

Je ne sais pas plus que vous quelle sera, en France, la dernière formule de l'industrie des chemins de fer. Il se peut qu'à l'exemple de la Belgique, on finisse par considérer le rachat des chemins de fer comme une nécessité ; mais il ne se peut pas que l'État reprenne l'exploitation d'un seul réseau, sans reprendre en même temps l'exploitation de tous les autres. Ou l'État fera une opération d'ensemble, ou il ne fera rien dans ce sens.

Le seul terrain, même hypothétique, sur lequel la discussion puisse raisonnablement s'asseoir, c'est donc celui d'une reprise générale de tous les réseaux pour constituer le réseau national.

Or, quand l'État sera appelé à discuter avec chaque Compagnie les conditions de cette opération, est-il raisonnable de supposer qu'il procédera par voie d'*achat* et de *vente* ? Ce procédé l'obligerait à recourir au public par voie d'emprunt, à l'effet de se procurer le capital de plusieurs milliards, alors que ce capital ne serait destiné qu'à rembourser un capital équivalent, qui se trouve déjà dans la circulation publique. Il pourra faire cette opération sans recourir à l'emprunt, sans même s'imposer de charges. Puisque vous citez l'exemple de la Belgique, il suivra peut-être cet exemple. Il demandera à chaque Compagnie de justifier du montant de sa recette brute et calculera, de son côté, quel serait le juste coefficient de l'exploitation; puis, ces deux éléments trouvés, il indiquera à chaque Compagnie la part, fixe ou variable, qu'il consent à lui attribuer dans l'ensemble de la recette.

Lorsque vous dites que le gouvernement belge nous a racheté, en 1870, les lignes que nous exploitions en Belgique, vous n'êtes pas dans le vrai si vous croyez qu'il nous a payé au prix ferme. Il s'est borné à nous attribuer une avant-part de 7,000 francs dans les recettes kilométriques brutes, et le partage par moitié de tout le produit entre 18,000 et 34,000 francs par kilomètre.

A part le prélèvement initial de 7,000 francs, nous ne recevons donc que si nos chemins produisent. L'État, dans ces conditions, ne peut rien perdre ; il se conserve toutes les chances de gain, ou plutôt, il les conserve au public. Comme il exploite au point de vue des intérêts généraux et non au profit des actionnaires; comme il n'a pas de dividendes à distribuer, — le jour où il a, par sa participation dans les recettes, couvert ses frais d'exploitation, il peut *améliorer l'administration, abaisser ses tarifs.* C'est pour ce motif que le pays où l'État exploite son réseau national, est celui où le public est le mieux traité et jouit des tarifs les plus modérés.

L'exemple de la Belgique.

Eh bien ! Monsieur, si, par aventure, l'exemple de la Belgique était suivi en France, c'est dans ces conditions, et sans doute avec ce résultat, qu'il le serait. Si, le jour où cette hypothèse rentrerait dans le domaine des faits, le Gouvernement nous payait pour nos lignes, non pas le capital de 200,000 francs par kilomètre, mais une rente kilométrique de 10,000 francs, c'est que nos lignes représenteraient une recette nette de cette importance. Le bénéfice, que les actionnaires de nos Compagnies réaliseraient ainsi, serait tout aussi légitime que celui que feraient en même temps les actionnaires des grandes Compagnies, et *ne serait, en tous cas, jamais réalisé,* comme vous le dites, *sur le compte du Trésor et des contribuables français.*

Agréez, Monsieur le rédacteur en chef, etc., etc.

S. PHILIPPART.

Paris, le 22 février 1875.

QUATRIÈME LETTRE

SOMMAIRE : Mes affaires en Belgique, dans le grand-duché de Luxembourg et en France. — M. de Franqueville. — Les Compagnies du Nord-Est, d'Orléans à Châlons, de Lille à Valenciennes et de la Vendée. — La Banque Franco-Hollandaise et la Banque Franco-Autrichienne-Hongroise. — Le Crédit mobilier.

Monsieur le Rédacteur en Chef

Je débuterai, comme vous le faites dans votre numéro du 23 février, en m'excusant auprès des lecteurs du *National* de donner à notre polémique une place aussi large que celle qu'elle prend dans les colonnes de leur journal. Mais si vous avez le sentiment d'un grand devoir à remplir, j'ai, en répondant aux attaques dont ma personne et mes œuvres sont l'objet, celui d'un devoir non moins respectable. Vous comprendrez donc, Monsieur, que j'use du droit que me donne la législation sur la presse.

Je saisis, du reste, cette occasion pour vous exprimer toute ma reconnaissance. J'ai à me défendre contre des attaques passionnées ; j'ai à faire connaître au public les projets qui sont l'objectif de Compagnies que vous attaquez en même temps que moi, et vous me faites la place large : vous vous occupez de moi dans vos numéros des 23, 24 et 25 février, et vous m'y consacrez 820 lignes. Vous m'en fournissez donc 1,640 pour me permettre de vous répondre. Encore une fois, merci,

Notre discussion me paraît arrivée, du reste, à un premier résultat. Dans aucun des articles, auxquels j'ai en ce moment l'honneur de répondre, il n'est plus question de cette insinuation perfide, dont votre estimable journal s'était fait imprudemment l'écho. Je considère votre silence comme l'abandon de ce procédé d'argumentation. Je vous disais bien, dans ma première lettre, qu'après quelques explications, votre bon sens aurait bientôt fait de cette perfidie prompte et sommaire justice.

Les affaires de M. Philippart en Belgique et en France.

A mesure que nous avançons, la discussion s'élargit, et dans votre article du 23 février, vous me conviez à vous donner quelques explications sur mon passé comme industriel, et sur les affaires auxquelles j'ai été mêlé en Belgique, pour en arriver à vous renseigner complétement sur celles que je traite en France, et sur lesquelles vous attirez l'attention publique. Je vous suis, volontiers, dans la voie que vous m'indiquez.

(A) Belgique.

Affaires de Belgique.

Vous me dépeignez, Monsieur, comme une personnalité bruyante et dévorante, commençant tout et n'achevant rien, et vous me prophétisez, comme résultat final, un gigantesque écroulement. Vous mêlez à vos prophéties les noms de lignes de chemins de fer et d'établissements de crédit de Belgique, de telle façon que le public se figure, après vous avoir lu, que, de tout cela, il ne reste plus aujourd'hui que des ruines. Sans doute, vous vous gardez bien de le dire, mais vous le laissez pressentir.

Éclairons donc, si vous le voulez bien, ce premier point du débat.

J'ai l'honneur d'être, depuis sa création, qui remonte à 1866, l'administrateur délégué de la Compagnie des chemins de fer des Bassins houillers du Hainaut. Quelle est, au point de vue des affaires qu'elle poursuit, la situation actuelle de cette Compagnie?

En 1870, le gouvernement belge, continuant l'œuvre de l'unification du seau national, a repris à cette Compagnie l'exploitation de 600 kilomètres de chemin de fer, qui avaient été construits par l'industrie privée. Nous avions réuni dans nos mains ces diverses concessions et établi l'unité et l'économie dans ces exploitations multiples, qui se ruinaient en frais généraux.

Vous affirmez plusieurs fois, qu'en traitant avec nous de la reprise du réseau que nous avions ainsi constitué, l'État belge avait eu la main forcée; qu'il avait cédé à notre pression, et passé, pour ainsi dire, sous nos fourches caudines. Je dois protester contre ces affirmations un peu téméraires, pour l'honneur du gouvernement belge, pour l'honneur de M. Jamar, ministre des travaux publics, et de M. Frère-Orban, ministre des finances, qui ont contresigné la convention du 25 avril 1870. Voici comment le gouvernement s'exprimait, quand il proposait à la Législative l'approbation de cette convention :

» La Compagnie des Bassins houillers du Hainaut a compris qu'il était
» préférable *d'associer ses intérêts* à ceux des chemins de fer de l'État, de fu-
» sionner avec ces derniers les lignes qui y sont enchevêtrées, et de laisser
» l'État libre d'utiliser le tout au mieux des intérêts communs, en même
» temps que de ceux de l'industrie et du commerce. La Société des Bassins
» houillers offre à l'État l'exploitation des chemins de fer qu'elle a encore à
» construire, en même temps que d'une partie des lignes qui constituent son
» réseau actuel. Sous réserve de l'approbation des Chambres, le gouverne-
» ment a accepté cette offre et a conclu avec la Société des Bassins houillers
» la convention suivante. »

Où donc trouvez-vous, dans ces déclarations catégoriques du gouvernement, la trace d'une pression que nous aurions exercée contre lui? Outre qu'il n'est pas vrai, l'argument dépasse, du reste, son but. Car, si vous nous prêtez une puissance telle, que nous fassions plier les gouvernements devant nos volontés; — si nous sommes tellement maîtres de cette puissance, que nous finissions, toujours et partout, par faire reprendre aux gouvernements, à grands frais, l'exploitation des lignes dont nous nous sommes emparés, — pourquoi nous prophétiser l'écroulement et la ruine? Si le résultat final doit être tel que vous l'indiquez, et amener comme bénéfice le chiffre incommensurable de millions que vous alignez, il serait plus logique, je pense, de ne point écarter du partage d'un gâteau si friand les personnes qui seraient disposées à s'intéresser à un genre d'affaires si lucratif.

Les grandes Compagnies belges.

Puisque vous aimez les chiffres, Monsieur le rédacteur, laissez-moi vous en établir quelques-uns, et joindre à ma lettre un tableau qui ne manquera pas de vous intéresser. Je prendrai les huit principales compagnies qui étaient, avec nous, intéressées dans la convention du 25 avril; je vous fixerai la valeur vénale de leurs obligations fin 1867, à l'époque moyenne où nous avons repris leurs exploitations; j'y comparerai leur valeur vénale d'après les dernières cotes officielles de la Bourse de Bruxelles, et vous verrez que la plus-value des titres, entre ces deux dates, se chiffre par des sommes considérables.

Voici ce tableau :

NOMS DES SOCIÉTÉS	NOMBRE de leurs OBLIGATIONS	COTE fin 1867	COTE actuelle	PLUS-VALUE	
				par titre	pour la totalité
		fr.	fr.	fr.	fr.
Centre	93.000	243	306	63	5.859.000
Hainaut-Flandres	104.000	212	303	91	9.464.000
Tamines-Landen	46.000	150	270	120	5.520.000
Brame-Courtrai	17.000	250	303	53	901.000
Jonction de l'Est	6.000	248	314	66	396.000
Manage-Piéton.	4.000	260	314	54	216.000
Ouest	50.000	235	268	33	1.650.000
Baume-Marchienne	12.000	283	323	50	600.000
				Total.	24.606.000

Ainsi, Monsieur le rédacteur, le capital engagé par le public obligataire dans ces huit sociétés a, de 1867 à 1875, augmenté de 25,000,000 de francs.

Voilà donc une première opération commencée et terminée par nous, et qui n'a pas précisément abouti à une catastrophe.

La compagnie des Bassins houillers poursuit encore l'exécution de deux contrats, qui ont été faits par elle avec l'État belge, pour : La Compagnie des Bassins houillers.

1° La construction de 700 kilomètres de chemins de fer, pour laquelle elle reçoit de l'État une rente annuelle et kilométrique de 7 à 15,000 francs par kilomètre.

2° La construction de 250 kilomètres, pour laquelle elle reçoit de l'État une somme à forfait de 200,000 francs par kilomètre.

Tout homme du métier vous dira si ces prix sont rémunérateurs, et s'il est possible que ces deux entreprises aboutissent à un écroulement.

L'État belge payant, à l'aide d'une rente, en partie fixe, en partie variable, les 700 kilomètres, dont je viens de parler, il nous a fallu songer à mobiliser cette rente et à la représenter par des titres de capital, dont le revenu nous est payé par l'État. Nous avons été ainsi amenés à créer, avec l'agrément et l'autorisation du gouvernement, la *Caisse d'annuités;* nous lui avons cédé la part fixe qui nous est due par l'État, et elle nous a remis la contre-valeur en titres, *visés par le Trésor.* La part variable de la même rente a été cédée par nous à la *Banque de Belgique*, qui l'a consolidée en certificats. Le 4 1/2 de la Caisse d'annuités est au pair de 100 francs, et il ne paraît pas que la valeur des certificats consolidés par la Banque de Belgique soit bien contestable, puisque la Banque de Paris et des Pays-Bas nous en a récemment, ainsi que tous les journaux financiers l'ont annoncé, acheté pour un capital de 34 millions. La Caisse d'annuités.

Notre Compagnie est également intéressée dans la *Société métallurgique et charbonnière belge,* qui exploite les charbonnages dont nous avons besoin pour nos exploitations, et qui construit du matériel de chemin de fer dans les ateliers de locomotion de Tubye, dans les ateliers de wagons et voitures de Nivelles et de la Sambre, ateliers que nous avions acquis ou établis, et dont nous lui avons fait apport.

Pour ne pas mettre son service financier d'une manière trop absolue à la merci des banquiers, elle s'est intéressée dans la *Banque belge du commerce et de l'industrie.* La Banque Belge du Commerce et de l'Industrie.

Et si, à ces diverses entreprises, vous ajoutez les exploitations de 450 kilomètres que nous avons conservées dans les Flandres, et la participation que nous avons prise récemment dans la constitution de la Société des *Tramways bruxellois,* vous aurez la nomenclature sommaire, mais complète, de toutes Les Tramways bruxellois.

les affaires que nous avons faites en Belgique. Si notre activité y a été dévorante, elle a été utile et y a porté ses fruits.

(B) Grand-Duché de Luxembourg.

Affaires du Duché de Luxembourg.

Dans le grand-duché, la Compagnie des Bassins houillers est intéressée dans la construction du réseau Prince-Henri, dont j'ai déjà eu l'honneur de vous entretenir. Une grande partie de ce chemin de fer est en état d'exploitation ; ses recettes atteignent déjà un chiffre moyen de 15,000 francs par kilomètre, ce qui suffit plus que largement au service de l'intérêt et de l'amortissement du capital-obligations, dont la charge ne représente que 7,500 francs par kilomètre.

Un des grands avantages de ce réseau, c'est d'avoir obtenu du gouvernement belge (serait-ce encore par pression ?) une Convention, par laquelle celui-ci s'engage à lui fournir tout le matériel roulant nécessaire pour le transport des minerais et des cokes. Cet avantage est si considérable, que, dans la discussion de la Convention au sein de la Chambre, un des orateurs, l'honorable M. Sainctellette, député de Mons, affirmait « qu'à raison de sa mise en relation directe avec le réseau de l'État belge, » avec ce magnifique réseau de 3,000 kilomètres au cœur d'un des pays les » plus industriels du monde entier, le réseau Prince-Henri allait se trouver » avoir une clientèle immense, un mouvement d'affaires qui lui fera incontes- » tablement une des plus belles fortunes industrielles qu'on puisse rêver. »

Et si le gouvernement belge a aidé à donner au réseau Prince-Henri, déjà si prospère, cet avenir si plein de promesses, c'est, pour me servir des paroles et de l'autorité de M. Malou, ministre des finances, c'est à cause de « l'immense intérêt que nous avons en Belgique de nous assurer » des minières et du réseau Prince-Henri. Les minières, qui sont situées » à l'extrême frontière du grand-duché de Luxembourg, sont devenues en » quelque sorte le pain quotidien de notre industrie, depuis que nos minières » en Belgique sont à peu près épuisées ou du moins sont devenues très- » insuffisantes. »

Est-ce de cette œuvre, que vous auriez quelque raison de prophétiser l'écroulement ?

Le gouvernement grand-ducal nous ayant, à titre de subside, concédé 1,000 hectares des minières, ainsi que les carrières de grès blanc et rouge de la vallée de la Sure (c'est le grès dont on a bâti, dans l'antiquité, les principaux monuments de Trèves, et, au moyen âge, la cathédrale de

Cologne), nous avons constitué pour leur exploitation la *Société industrielle du Grand-Duché*.

(C.) France.

Nous arrivons maintenant à votre pays, et je vais vous donner sur l'œuvre que nous y poursuivons, les renseignements les plus détaillés. C'est bien, n'est-ce pas, ce que vous me demandez? Ce qui vous intéresserait, c'est le bilan et la situation de nos différentes entreprises : la Vendée, le Lille-Valenciennes, l'Orléans à Rouen, etc. Vous m'en demandez même pour l'Orléans-Châlons. Affaires de France.

Mais, d'abord, laissez-moi vous exprimer mon étonnement.

Est-il possible, monsieur, que vous soyez ainsi parti en guerre, que vous ayez crié aux consuls de veiller, au public de se prémunir, sans qu'au préalable vous ayez examiné et étudié les affaires que vous attaquez? Vous dénoncez ces entreprises comme un danger public, et vous n'avez pas même songé à lire les rapports des Conseils d'administration, les bilans des diverses Sociétés, documents qui sont imprimés, qui sont publics et qui vous auraient été, en tous cas, remis à votre première demande, si vous vous étiez présenté pour les réclamer !

Vous risquez de compromettre et d'ébranler le crédit de ces Compagnies, et vous n'avez pas même songé à vous assurer, si vos craintes chimériques avaient l'ombre d'un fondement! Vous venez pour éclairer la discussion, et vous n'avez pas même de lanterne!

Soit, monsieur. Mais ne m'en veuillez pas d'être long. *Intelligenti pauca*, dit un vieux brocard. Nous ne sommes pas en mesure de l'appliquer ici.

L'œuvre que je poursuis, monsieur, j'ai déjà eu l'honneur de vous l'esquisser. Elle consiste à chercher à grouper d'une manière rationnelle, au profit des intéressés, comme au profit du public, l'exploitation d'un certain nombre de lignes dont la concession appartient à diverses Compagnies, — ou, pour le dire en deux mots, d'établir entre elles *l'unité et l'uniformité du service*. Œuvre colossale, gigantesque, audacieuse, téméraire et qui dépasse tout ce qu'aucune intelligence humaine avait pu entreprendre avant nous : ce sont vos expressions.

Vous oubliez, monsieur, une des illustrations de votre pays. Vous oubliez qu'une œuvre semblable, — je me trompe, cent fois plus colossale, — a été méditée, combinée, poursuivie et menée à bonne fin, par un homme à qui la France doit la prospérité de longues années : je veux parler de l'honorable

M. de Franqueville. M. de Franqueville. C'est lui qui, en 1852, a pour ainsi dire ramassé les différentes Compagnies de chemins de fer, au moment où elles sombraient sur l'écueil de l'isolement. C'est à son esprit puissant d'initiative et d'organisation, que vous devez le groupement de ces nombreux réseaux concédés depuis 1835, et qui vivaient dans l'état d'indépendance les uns vis-à-vis des autres; c'est à lui, que vous devez leur concentration dans les six grandes Compagnies, de Paris à Lyon et à la Méditerranée, de Paris à Orléans, du Midi, de l'Ouest, du Nord et de l'Est. Sans lui, il est impossible de ne pas lui rendre cette justice, l'industrie privée ne serait point parvenue à mener à bonne fin la constitution du réseau national. Chacune des Compagnies concessionnaires de tronçons de lignes aurait succombé sous le poids de cette tâche, et la France n'aurait pas à sa disposition l'admirable outil qu'elle possède, et qu'il s'agit aujourd'hui d'améliorer encore.

Telle est la voie que M. de Francqueville, agissant au nom de l'État, nous a ouverte. Ce qu'il a fait, en taillant six zones dans une carte de France, nous voulons le faire dans notre domaine plus modeste. Puisque, en votant les lois de 1865 et de 1871, le législateur a voulu donner aux Conseils généraux le pouvoir de concéder des lignes de chemin de fer; puisque ces lignes ont été concédées à des Compagnies secondaires, *les grandes Compagnies n'en voulant pas;* — puisque le gouvernement lui-même a concédé des lignes semblables, *en dehors des grandes Compagnies*, nous voulons, dans le domaine qui nous a été concédé, procéder comme l'a fait M. de Franqueville, et constituer un ensemble avec ces tronçons épars.

Vous me demandez à l'aide de quelles ressources? Puisque vous n'avez pas jugé à propos de consulter, avant de prendre la plume, les documents officiels de chaque Compagnie, — documents qui vous auraient complétement éclairé sur cette question, — permettez-moi de vous résumer la situation de chacune d'elles :

La Compagnie du Nord-Est. I. La *Compagnie du Nord-Est* a 300 kilomètres à construire, dont une partie est en état d'exploitation, une partie prête à y être mise, et le reste en voie de construction.

Cette Société a émis, avec l'autorisation du gouvernement, 88,000 obligations. Son capital-actions est de 10 millions et demi. La construction se fait à raison de 130,000 fr. par kilomètre environ, matériel non compris. C'est une partie de ce réseau que la Compagnie du Nord refusait, en 1867, d'exécuter à moins de 350,000 francs, subventionnés et garantis par l'État et les départements.

Reconnaissez, je vous prie, notre utile intervention dans cette affaire : l'État et les départements ne nous donnent leur garantie que sur un capital de 150,000 francs ; nous avons économisé au Trésor public 9,400,000 francs (200,000 francs sur 47 kilomètres,) et nous avons pris l'engagement de donner à ces populations si denses et si industrielles des départements du Nord et du Pas-de-Calais 300 kilomètres, au lieu de 47. Le témoignage que l'honorable M. Brame, député du Nord, nous a rendu dans une séance de la Commission extra-parlementaire, ne pouvait, comme vous le voyez, nous être refusé.

La Compagnie d'Orléans à Rouen.

II. Le rapport du Conseil d'administration de la *Compagnie d'Orléans à Rouen*, présenté à l'Assemblée du 31 juillet 1874, vous révélera qu'en 1873, son exploitation embrassait 336 kilomètres de lignes construites. La Compagnie s'occupait à ce moment de la construction des lignes de Chartres à Auneau, de Chartres à Savigny, de Montaure à Rouen, de Gisors à Beauvais et d'Elbeuf à Rouen. Le fonds social se composait de 30,000 actions, versées de 250 francs, et de 154,900 obligations. Le rapport vous apprendra également que la Compagnie avait adhéré, sur la demande de l'administration supérieure, à la jurisprudence nouvelle du Conseil d'État sur les émissions d'obligations.

La Compagnie de Lille à Valenciennes.

III. Le réseau de la Compagnie de *Lille à Valenciennes* comprend 200 kilomètres qui sont en exploitation ; 150 kilomètres qui sont achevés et qui vont être mis en exploitation ; 343 kilomètres en construction, et 296, qui n'ont pas encore été déclarés d'utilité publique ; soit, en tout, 989 kilomètres.

Son capital se compose de 35,000,000 d'actions libérées, de 100,000 obligations 3 0/0 et de 25,000 5 0/0. Elle dispose d'une subvention de 8,445,000 francs accordée par l'État, pour la ligne de Sedan-Lérouville, et couverte en 88 annuités de 387,718 francs, chacune.

Les charges de la Compagnie, pour le service des obligations, ne dépassent pas 8,000 francs par kilomètre.

La Compagnie de Vendée.

IV. La Compagnie de la *Vendée* a un réseau de 660 kilomètres, dont 300 sont livrés à l'exploitation et 50 le seront prochainement. Son capital se compose de 24,000 actions, libérées de 350 francs, et de 187,575 obligations successivement autorisées par décisions ministérielles. La Compagnie de la Vendée a encore à encaisser 20 millions, environ, de subventions dues par l'État. Elle est actuellement occupée de la construction de la ligne de Tours à Montluçon.

La Compagnie d'Orléans à Châlons.

V. Je ne vous donnerai pas, sur la Compagnie d'Orléans à Châlons, les renseignements que vous me demandez, par un motif bien simple, et qui vous étonnera, vous qui connaissez si bien les affaires de chemins de fer et particulièrement les miennes : c'est que je suis, ainsi que mes amis, absolument étranger à cette Compagnie.

Si, monsieur le rédacteur, ces renseignements ne vous suffisent pas, je suis prêt à vous les compléter. Soyez assuré que je ne laisserai sans réponse aucune de vos questions.

La Banque Franco-Hollandaise.

Dans vos numéros des 24 et 25 février, vos abordez une thèse nouvelle, mais qui nous écarte beaucoup de la question qui nous occupe. Suivez bien la logique de vos raisonnements. Vous avez proféré votre cri de : *Caveant consules!* pour attirer l'attention de l'autorité sur les agissements de l'ennemi de la France. J'ai cessé d'être suspect à vos yeux. Vous avez bien voulu, un instant, me permettre d'aborder les questions de chemins de fer, mais vous n'avez pas tardé à échapper au débat. Je vous suis, tout d'un coup, devenu suspect, le 23 février, parce que — disiez-vous — j'étais à la tête de l'armée des Argonautes qui marchent à la conquête du Crédit mobilier, et, le 28 février, parce que j'ai l'honneur de faire partie de la Banque Franco-Hollandaise !

Les considérations que vous présentez, monsieur, sont bien un peu étrangères au sujet dont nous avons à nous occuper. Je suis loin, toutefois, d'en refuser l'examen, dans les limites sages, raisonnables et prudentes, que tracent les intérêts engagés dans la question.

Sa fusion avec la banque Franco-Autrichienne-Hongroise.

Parlant de la fusion de la *Banque Franco-Hollandaise* et de la *Banque Franco-Autrichienne-Hongroise*, vous me faites un grief d'avoir racheté à 160 francs un titre sur lequel le souscripteur primitif avait versé 250 francs, et d'avoir opéré leur fusion en réduisant le capital de moitié.

Est-ce là un reproche bien sérieux, et, s'il est vrai que j'ai été le promoteur de cette fusion, peut-on dire que quelqu'un ait le droit de se plaindre?

La Banque Hollandaise avait émis 100,000 actions; la Banque Autrichienne, 80,000. Bien que le capital social de chacune de ces Banques fût intact, leurs actions étaient cotées fort bas, avant même que je fusse introduit dans leurs conseils.

Nous eûmes alors l'idée, qui fut du reste mise à exécution, de faire racheter dans les bas cours par chaque établissement 40,000 actions de l'autre. Ces achats se firent, comme vous le dites, à raison de 160 francs en moyenne par titre versé de 250. Ceux des actionnaires qui voulurent sortir de l'opération vendirent leurs titres. J'imagine que vous ne m'accuserez pas d'avoir exercé une pression sur eux : il y avait même assez de temps qu'ils n'avaient vu ces cours.

Ceux qui ne perdirent pas confiance en nous, gardèrent leurs actions. La fusion faite, ces 80,000 actions, ainsi rachetées, furent anéanties, et la Société nouvelle se trouva, par le fait du rachat, avoir réalisé *pour ses actionnaires* un bénéfice de 7,200,000 francs, représentant l'écart entre le prix d'achat de ces actions et leur valeur statutaire, valeur réelle, puisque l'actif était intact. Il n'y eut donc là qu'une opération combinée et exécutée uniquement au profit des 100,000 actions restantes.

Passons au *Crédit Mobilier*. Ici, vous me pardonnerez d'être plus circonspect et plus discret. Comme il est parfaitement inutile que la spéculation escompte outre mesure les situations de l'avenir, vous me permettrez de vous renvoyer, pour toutes explications, à l'Assemblée qui va se tenir dans quelques jours. Le Crédit Mobilier.

Qu'il me suffise de vous dire que je ne « marche pas le moins du monde » à la conquête du Crédit Mobilier. » J'ai, avec neuf autres actionnaires de cet Établissement, usé d'un droit statutaire (serait-ce là encore une pression, s'il vous plaît ?) et invité le Conseil d'administration à réunir une Assemblée générale dans les délais statutaires.

Vous connaissez les propositions mises à l'ordre du jour : il n'y est, en aucune manière, question de fusions ou d'apports.

Elles ont uniquement pour but de faire sortir le Crédit Mobilier de l'ornière de la procédure, pour le faire rentrer dans la vie des affaires, et de le doter d'un capital suffisamment mobile pour les alimenter. Pas n'est besoin de créer des moulins à vent, pour se donner le plaisir de les combattre ! Les actionnaires du Crédit Mobilier sont aussi libres de repousser ces propositions que de les adopter. Ils sont maîtres absolus de leurs décisions ; ils se prononceront comme ils le croiront utile à leur intérêt.

Supposez-vous que j'aie, sur les 92,000 actions déposées, exercé la manœuvre que vous m'attribuez, sur la foi de votre correspondant de Bruxelles, et que je me sois engagé à payer 100 francs par chaque action, pour que le titulaire vote dans mon sens ? Peste ! vous me supposez donc bien riche, que pour arriver au Crédit Mobilier, je fasse à ses actionnaires individuellement, comme don de joyeuse entrée, un cadeau de 9,200,000 francs ?

Répondez à votre correspondant de Bruxelles qu'il ne sait ce qu'il dit. Opposez-lui le résultat du vote à l'Assemblée de la Banque Belge du Commerce et de l'Industrie, dans laquelle le Conseil d'administration représentait environ 800 actions, et le reste de l'Assemblée 20,000 environ, et dans laquelle ce Conseil a échoué par 800 actions contre 20,000. Aurais-je donc acheté tout le monde?

Je vous sais gré, monsieur, de m'avoir fourni l'occasion de terminer ma lettre avec une petite pointe de gaieté, et je vous prie de l'insérer dans votre plus prochain numéro, en vous réitérant l'offre contenue dans les précédentes.

Agréez, monsieur le rédacteur en chef, etc., etc.

S. PHILIPPART.

Paris, le 25 février 1875.

CINQUIÈME LETTRE

SOMMAIRE : Autres calomnies. — Le prix du kilomètre par les grandes Compagnies. — Les gares communes. — Les émissions d'obligations. — Les frais d'exploitation des grandes Compagnies.

MONSIEUR LE RÉDACTEUR EN CHEF,

Vous allez cesser une discussion qui vous paraît trop longue : je l'apprends avec un très-vif chagrin. Vous vous proposez de ne plus vous occuper de ma personne, et vous allez prendre à partie les cent cinquante membres de la *Commission extra-parlementaire* des Chemins de fer, auxquels vous faites le reproche sanglant de trop s'occuper des intérêts des « localités dont ils sont les élus ». Je ne veux cependant pas déserter le débat, et puisque vous me dites adieu, je ne puis me dispenser de vous répondre une dernière fois. Si votre adieu n'est qu'un : « Au revoir ! » j'en serai charmé. Je n'hésiterai pas à rentrer dans la lice et à reprendre les armes; je ne les dépose que provisoirement au poteau du tournoi.

La discussion change. Autres calomnies

En fin de compte, Monsieur le rédacteur, vous avez peut-être raison, car le débat a singulièrement dégénéré. Au début de la campagne, vous vous êtes écrié : « L'ennemi est au Capitole! Par les mains de M. Philippart, il couvre le territoire des mailles serrées d'un réseau d'invasion : *Caveant consules !* » Vous avez abandonné cette thèse, mais vous l'avez bientôt reprise en sous-œuvre, et vous avez dit : « Ces entreprises gigantesques préparent à la France un immense écroulement : *Caveant consules !* » Aujourd'hui, il ne s'agit même plus de tout cela. Le danger public n'existe plus que dans la possibilité de la réalisation d'un rêve que je caresserais. Mon but ne serait plus que de chercher à faire reprendre, à grands frais, par l'État, les lignes que nous construisons en France. Reconnaissez que si le danger public est là, il n'est que dans des contingents bien éloignés et sans doute bien peu probables. La vérité, Monsieur, ne la dites-vous pas? Nous portons ombrage aux grandes Compagnies : nous les *gênons* ! Le mot est de vous, je le souligne. Nous les « gênons »; cela veut dire, sans doute, que nous leur faisons concurrence; que nous leur enlevons du trafic ; que nous versons ce trafic sur nos lignes ; que... Mais je m'arrête. De votre aveu candide je ne veux pas extraire tout le suc.

Vous avez raison, Monsieur, de mettre fin au débat :

Desinit in piscem mulier formosa superne.

A l'appui de votre thèse nouvelle, l'ombrage qu'on porte aux grandes Compagnies, vous cherchez, dans votre numéro du 27 février, à prouver « combien sont fantaisistes les calculs que je vous oppose. » J'aurai bientôt prouvé, moi-même, à vos lecteurs combien sont fantaisistes les affirmations que vous opposez à mes calculs.

Vous partez de ce point « que les grandes Compagnies savent construire, pour le moins, aussi économiquement que les petites Compagnies. »

En êtes-vous bien certain ? Ce n'est pas, à coup sûr, l'avis de l'honorable M. de Montgolfier, ingénieur des ponts et chaussées et député de la Haute-Loire, lequel, dans son rapport de la Commission d'enquête des chemins de fer, dresse le tableau suivant :

Le prix du kilomètre par les grandes Compagnies.

NOMS DES COMPAGNIES CONCESSIONNAIRES		LONGUEUR totale des lignes auxquelles s'appliquent ces dépenses	DÉPENSES FAITES ET A FAIRE			PRIX de revient kilométrique
			par les Compagnios	par l'État	par les départements et les communes des industriels	
		kil				
NORD	ancien réseau	174	542.000.0 00	7.000.000	2.800.000	470.017
	nouveau réseau	650	200.000. 000	9.800.000	1.100.000	328.461
EST	ancien réseau	994	363.200.000	120.400.000	100.000	486.620
	nouveau réseau	2.107	872.100.000	70.300.000	6.900.000	450.546
OUEST	ancien réseau	900	512.100.000	101.600.000	3.500.000	685.778
	nouveau réseau	1.994	736.000.000	182.600.000	11.200.000	466.209
ORLÉANS	ancien réseau	2.017	589.200.000	232.600.000	4.000.000	409.820
	nouveau réseau	2.132	833.700.000	117.800.000	1.100.000	413.814
P.-L.-M.	ancien réseau	4.298	1.989.500.000	338.300.000	7 100.000	543.020
	nouveau réseau	1.720	602.400.000	143.400.000	100.000	433.663
MIDI	ancien réseau	796	328.700.000	51.500.000	200.000	477.889
	nouveau réseau	1.576	559.000.000	162.200.000	2.000.000	460.787
Ensemble des 6 grandes compagnies...		20.528	8.127.000.000	1.540.500.000	39.100.000	472.891

Ainsi les deux réseaux des grandes Compagnies ont coûté en moyenne 472,891 francs par kilomètre.

Si vous voulez bien extraire de ce tableau ce qui concerne le second réseau, vous trouverez qu'il se compose de 10,179 kilomètres, ayant coûté 4,511,700,000 francs, ce qui fait ressortir le coût du kilomètre à 439,000 francs en moyenne.

Nous voilà loin du chiffre auquel vous avez évalué vous-même le coût moyen des lignes des petites Compagnies, et que, dans un article précédent, vous estimiez à 150,000 francs !

Votre première affirmation ne vous paraîtra-t-elle pas un peu téméraire ?

Vous dites, en second lieu, « que les grandes Compagnies construisent plus » solidement et plus sérieusement que les petites. »

Plus sérieusement ?... Je ne comprends pas.

Plus solidement ? Mais vous perdez de vue qu'une notable partie des lignes concédées à nos Compagnies, et notamment celles du Nord-Est, de Lille-Valenciennes, de la Vendée, de Sedan-Lérouville, de Tours à Montluçon, ont été concédées *comme lignes d'intérêt général* et sont soumises *au même cahier des charges, aux mêmes conditions d'exécution*, que les lignes des grandes Compagnies. Votre reproche ne saurait donc s'adresser qu'aux lignes d'Orléans-Rouen, qui sont d'intérêt local. Supposeriez-vous que nos traverses sont en papier, nos rails en carton, et que notre matériel roulant sort d'un magasin de joujoux ? Quelle insinuation perfide contre l'autorité supérieure, qui reçoit nos travaux et qui consent ainsi à ouvrir, à la circulation, des chemins qui ne sont « ni solides ni sérieux ! »

Vous ajoutez, en troisième lieu, que « les grandes Compagnies construisent à deux voies et les petites à une. » N'auriez-vous jamais voyagé que de la place Vendôme à la rue Notre-Dame-des-Victoires ? Ignorez-vous que les trois quarts du second réseau ne sont construits qu'à simple voie ? Tout le monde du métier vous le dira, du reste : la construction à double voie ne coûte pas le double de la construction à simple voie. Mettez 50,000 francs d'écart, et vous serez au-dessus de la moyenne.

Les gares communes.

Vous continuez, et vous dites que les petites Compagnies dépensent kilométriquement moins d'argent, parce qu'elles « se servent des gares des grandes Compagnies », gares que celles-ci élèvent à grands frais.

Pour que votre raisonnement fût complet, vous auriez pu ajouter qu'à l'approche de ces gares, les petites Compagnies se soudent aux grandes, et qu'elles ont, sur leurs lignes, des parcours communs considérables.

Mais, pour qu'il fût juste, vous auriez dû ajouter que les grandes Compagnies ne se privent pas de faire payer très-cher la communauté de ces gares et de ces voies communes ; tandis que les lignes des seconds réseaux ne comprennent pas même dans leur coût de construction, leur participation dans l'établissement de ces grandes gares, élevées exclusivement aux frais des anciens réseaux.

Vous affirmez, ensuite, que les grandes Compagnies « peuvent, pour le même » chiffre d'obligations émises, gratifier le pays d'une étendue kilométrique » supérieure de 20 0/0 à celle construite par les petites Compagnies. »

Les émissions d'obligations.

Ce n'est pas précisément ce que prouve la statistique, que je cite plus haut. Vous échappez, d'ailleurs, par une affirmation gratuite aux faits et aux chiffres que je vous produisais dans ma lettre. Je suis donc obligé de vous répéter que la grande Compagnie construit seulement à l'aide d'émissions d'obligations, dont le robinet, pardonnez-moi l'expression vulgaire, est toujours ouvert. La petite Compagnie ne peut émettre d'obligations, que dans la proportion du capital social, et lorsqu'elle justifie avoir employé en travaux une notable partie de ce capital. A ce robinet il y a un compteur : c'est la jurisprudence du Conseil d'État. La charge kilométrique des lignes des Compagnies secondaires est donc moins lourde et se couvre plus aisément par les recettes. Avec un même capital, elle construira donc plus.

Vous terminez en disant qu' « une ligne mal construite exige des frais » annuels qui portent à bien plus de 50 0/0 des recettes brutes les dépenses » d'exploitation. ».

Les frais d'exploitation des grandes Compagnies.

Tout d'abord devriez-vous prouver que la petite Compagnie construit mal ses lignes. Et si vous accusez la petite Compagnie d'exploiter à grands frais, je ne vois pas que les grandes Compagnies exploitent à meilleur marché. Voici leurs coefficients pour le second réseau : le Nord exploite son second réseau à raison de 70 0/0 du produit brut; l'Ouest à 86 0/0; l'Est à 67 0/0 ; le Paris-Lyon-Méditerranée à 87 0/0; le Paris-Orléans à 61 0/0, et le Midi à 77 0/0. Qui paie les insuffisances? Le Trésor et les contribuables.

Vous remarquerez aussi, monsieur le rédacteur, que, dans les grandes Compagnies, le produit des lignes mères ne se déverse sur le second réseau qu'après avoir assuré le paiement de l'intérêt et même du dividende du capital-actions. Il n'en est pas de même pour les petites Compagnies. Si, dans l'ensemble de leur réseau, il se trouve des lignes meilleures les unes que les autres, le produit des premières sert, aussi bien que celui des secondes, à couvrir la charge des obligations. Celles-ci ont donc une garantie efficace, sans avoir recours au crédit de l'État. Il y a là toute une série de réflexions économiques, que je vous engage à méditer solidement, je veux dire sérieusement.

Agréez, monsieur le rédacteur en chef, etc., etc.

S. PHILIPPART.

Paris, le 27 février 1875.

SIXIÈME LETTRE

SOMMAIRE : La fusion de la Banque Franco-Hollandaise et de la Banque Franco-Autrichienne-Hongroise. — Le capital des deux Banques était intact. — L'émission des obligations de la Vendée. — Autorisation ministérielle. — ANNEXES relatives aux Banques Franco-Hollandaise et Franco-Autrichienne-Hongroise, et à la Compagnie de la Vendée.

MONSIEUR LE RÉDACTEUR EN CHEF,

En général, dans une discussion sérieuse, on ne quitte le domaine des raisonnements pour entrer dans celui des personnalités, que lorsqu'on est à bout d'arguments. L'aigreur de votre article du 2 mars montre que vous êtes arrivé à ce point.

La fusion des deux Sociétés : la Franco-Hollandaise et la Franco-Autrichienne-Hongroise

J'y trouve deux imputations qui sont particulièrement offensantes pour moi. Je les relève, et, pour me servir des termes les plus modérés et les plus parlementaires, je vous déclare que L'UNE ET L'AUTRE SONT ABSOLUMENT INEXACTES.

La première est relative à la fusion de la Banque Franco-Hollandaise et de la Banque Franco-Autrichienne-Hongroise. Cette fusion a entraîné l'anéantissement d'un certain nombre d'actions de la première, qui se trouvaient dans le portefeuille de la seconde, et d'un certain nombre d'actions de la seconde, qui se trouvaient dans le portefeuille de la première. En tout : 80,000.

Ces achats ont été opérés au taux moyen de 410 francs, soit 160 francs pour un capital versé de 250 francs.

Vous dites : « De tels achats étaient des actes déshonnêtes, venant des » administrateurs des Sociétés qui savaient que le capital social de chacune » de ces banques était intact. Le devoir de ces administrateurs était de publier » les bilans des Compagnies et de montrer à tous que le capital était intact, » afin d'éviter la ruine de la moitié des actionnaires qui avaient eu foi » dans ces entreprises, et de les empêcher de vendre à vil prix et sous le » coup de craintes qui, évidemment, avaient été répandues et qui auraient » dû être écartées de la façon que nous venons de dire, 80,000 actions sur » 180,000 composant le capital de ces deux entreprises. »

Autant de mots, dans cet alinéa, autant d'inexactitudes ! Les faits justifient que nous avons agi précisément comme vous dites que nous eussions dû le faire. Et, encore une fois, ces faits appartiennent à la notoriété publique. *Vous ne pouviez pas ne pas les connaître*, puisque *le National* a publié tous les rapports à leur date.

La fusion des deux établissements a été consommée par acte des notaires Dufour et Lavoignat, en date du 7 *novembre 1874*.

Elle avait été précédée d'une Assemblée de la Banque Franco-Hollandaise, en date du 7 *octobre 1874*, et de deux Assemblées de la Banque Franco-Autrichienne-Hongroise, en date des *11 juin* et *8 octobre 1874*. Ces Assemblées étaient réunies pour statuer sur les projets de fusion.

Le capital des deux Banques était absolument intact.

Elles avaient été elles-mêmes précédées d'une Assemblée de la Banque Franco-Hollandaise, en date du *24 février 1874*, et d'une Assemblée de la Banque Franco-Autrichienne-Hongroise, en date du *23 avril 1874*. Dans chacune de ces réunions, le Conseil d'administration et le commissaire de chacun de ces Établissements avaient présenté aux actionnaires le bilan, le compte de Profits et Pertes et le résumé de la situation financière, et déclaré de la manière la plus nette, la plus catégorique, que LE CAPITAL SOCIAL ÉTAIT RESTÉ ABSOLUMENT INTACT.

Ainsi, les 24 février et 3 avril, les deux Banques remplissaient, chacune de son côté, le devoir que vous leur tracez, et, loin de « répondre à ces craintes » sur la composition du capital, elles les écartaient par tous les moyens qu'elles avaient en leur pouvoir, en constatant que l'ACTION REPRÉSENTAIT PARFAITEMENT LE PAIR.

Et, c'est postérieurement, *à partir du mois de juin*, que la fusion a été projetée.

Pour que vos lecteurs puissent en pleine connaissance de cause apprécier le degré de légèreté que vous mettez dans cette discussion, vous aurez, à la suite de ma lettre, à publier, comme *Annexes*, les pièces justificatives ci-jointes.

Et, comme votre accusation est précise et formelle, comme j'en démontre absolument l'inexactitude, j'espère que vous jugerez que c'est un « devoir » pour vous de la rétracter. Sinon, c'est à moi qu'il appartiendra de signaler vos procédés d'argumentation, et de dire : *Ab uno disce omnes !*

La seconde imputation n'est ni moins grave, ni moins inexacte.

L'émission des obligations de la Vendée.

Vous avez feint d'ignorer nos bilans, dites-vous, pour provoquer mes révélations, et vous ajoutez que « je n'aurais obtenu l'autorisation d'émettre le solde des obligations de la Vendée, que parce que j'aurais affirmé au ministre que les actions en étaient non-seulement versées de 350 francs, mais libérées de 500 francs. »

Encore une fois, autant de mots, autant d'inexactitudes.

La dernière émission de la Vendée a été sollicitée du ministre le 16 mai 1874, par le Conseil d'administration de cette Compagnie, dans lequel se trouvaient MM. Jenty, Gibiat, de Girardin, Meynier.

La décision ministérielle, qui autorise l'émission, est du *22 mai 1874*, et je n'ai été nommé administrateur de la Compagnie, que le *22 décembre 1874*.

Je n'ai donc pu avoir, avec aucune autorité, de relations pour obtenir cette autorisation, et je n'ai pu dire à aucun ministre que l'action de la Vendée était libérée de 500 francs, tandis qu'elle ne l'était que de 350.

L'autorisation ministérielle.

Vous aurez à publier aussi, comme *Annexes*, deux pièces justificatives, notamment l'autorisation ministérielle elle-même, qui constate que l'honorable M. de Larcy, ministre des travaux publics, n'ignorait pas que le capital de la Vendée n'était pas intégralement versé, puisqu'il y est dit : que l'émission peut avoir lieu à la condition que *ledit emprunt soit suivi d'un appel de fonds de 3,600,000 francs sur les actions de la Compagnie, lesquelles se trouveront ainsi complétement libérées*. L'émission ayant eu lieu les 8 et 9 janvier 1875, l'appel de fonds a été ordonné et se fait actuellement.

De deux choses l'une : ou vous avez inventé à plaisir cette imputation, ou vous l'avez accueillie d'un correspondant. Dans le premier cas, comment qualifier vos procédés? Dans le second cas, n'était-ce pas un « devoir » pour vous de contrôler cette perfidie et n'êtes-vous pas au moins suspect de légèreté? C'est encore à moi, tout au moins, de vous dire : *Ab uno disce omnes !*

Agréez, Monsieur le rédacteur en chef, etc., etc.

S. PHILIPPART.

Paris, le 2 mars 1875.

Extrait des Annexes communiquées au NATIONAL

ANNEXE Ire. — « Quoi qu'il en soit, nous avons traversé ces temps difficiles *en maintenant notre capital intact*, et, pour la majeure partie disponible, ainsi que vous le verrez par l'examen du bilan. » (*Rapport de la Banque Franco-Hollandaise*, du 24 février 1874.)

ANNEXE II. — « Vous voudrez bien remarquer notamment ceci, qui, en temps de crise, est l'*indication d'une situation rassurante*, c'est que non-seulement le *passif de votre bilan ne dépasse pas l'actif, mais, au contraire, que l'actif dépasse le passif et se solde en votre faveur par les bénéfices nets* s'élevant à la somme de 709,076 fr. 90 c. Ces bénéfices représentent environ 3 0/0 du capital appelé. Je viens de vous indiquer les causes qui font que ce résultat n'est pas plus élevé.

» Au surplus, la Banque Franco-Hollandaise n'a pas compromis son capital social. Elle n'a encore appelé que la moitié de ce capital, laquelle se retrouve tout entière dans l'ensemble de ses affaires. Quant à l'autre moitié, elle est restée en totalité, à la disposition des besoins de l'entreprise, entre les mains des actionnaires. » (*Rapport du Commissaire de la Banque Franco-Hollandaise*, du 24 février 1875.)

ANNEXE III. — « Il est cependant utile de constater que, si le compte de Profits et Pertes de l'année 1873 *ne se solde* que par un bénéfice de 194,737 fr. 09 c., c'est que nous avons cru sage d'opérer des amortissements dont le montant s'élève à près de 1,800,000 francs, en vue d'assurer l'avenir de la Banque et d'apurer sa situation, de manière à la mettre désormais à l'abri de tout mécompte.

» Ainsi que le constate le rapport de votre Commissaire, le capital de la Banque *reste parfaitement intact*, et la série des opérations que nous avons faites depuis notre entrée en onctions vous démontrera de plus, nous en avons l'espoir, que l'avenir se présente dans les conditions les plus favorables. (*Rapport du Conseil d'administration de la Banque Franco-Autrichienne-Hongroise*, du 24 avril 1874.)

ANNEXE IV. — « Votre capital social est donc non-seulement *parfaitement intact*, mais vous avez encore des réserves sérieuses, s'élevant à plus de 300,000 francs, qui doivent vous inspirer la plus entière confiance. » (*Rapport du Commissaire de la Banque Franco-Autrichienne-Hongroise*, du 23 avril 1874.)

Annexe V. — « Lorsque le 7 mai dernier, nous vous avons convoqués en assemblée générale extraordinaire, nous avions l'intention de vous proposer de modifier nos statuts, de façon à nous permettre de réduire de moitié notre capital social, et d'échanger deux de nos actions libérées de 250 francs chacune contre un titre définitivement libéré.

» L'objectif de votre Conseil d'administration était éminemment favorable à vos intérêts, puisque la possibilité d'un appel de fonds paraissait peser sur le cours de nos titres.

» Cet objectif est cependant d'une réalisation difficile. Les jurisconsultes éminents dont nous avons pris les conseils nous affirment, qu'une semblable mesure ne peut être votée que par l'unanimité des actionnaires. Sans doute, il n'était pas possible d'espérer que votre Assemblée réunît la totalité des intérêts sociaux; cependant l'unanimité aurait été obtenue par le fait même de l'échange que certainement aucun actionnaire n'aurait refusé, et nous étions décidés à en tenter l'épreuve.

» Mais depuis la date de la convocation, des négociations ont été entamées avec la Banque Franco-Hollandaise, en vue d'arriver à la fusion des deux établissements. Les termes dans lesquels la proposition nous était faite, donnaient une complète satisfaction à nos désirs, présentaient des avantages que nous n'avons pas besoin de signaler à votre attention et résolvaient toutes les difficultés légales qui paraissaient s'opposer à la réalisation des projets que nous avions voulu vous soumettre.

» Aussi n'avons-nous pas hésité à écouter cette proposition, et les négociations entamées ont été poursuivies avec une telle activité et sont arrivées à un tel degré d'avancement, que votre comité consultatif, usant des pouvoirs qui lui sont conférés par l'alinéa final de l'article 27 de nos statuts, a décidé de faire porter à l'ordre du jour de l'assemblée du 11 juin la discussion sur l'opportunité et les conditions de ce projet.

» Nous allons le résumer :

» Il est d'abord intéressant que vous sachiez que chacune des deux Banques a procédé à des rachats d'actions de l'autre établissement. Ces achats se sont élevés à 80,000 titres, qui ont été acquis à un prix moyen de 410 francs par titre.

» La fusion aura pour conséquence naturelle d'amortir et d'anéantir ces 80,000 titres.

» Le nombre des actions des deux Banques réunies se trouvera alors réduit à 100,000.

» La Société nouvelle dans laquelle elles viendront se confondre sera donc constituée au capital de 50 millions, représenté par 100,000 actions.

» Les achats de titres dont nous venons de parler présentent, pour les actions non amorties, un bénéfice considérable que nous croyons pouvoir fixer à 70 francs par chacune d'elles.

» Ce bénéfice exceptionnel sera immédiatement appliqué à la libération des actions de la nouvelle Société, de sorte que chaque action de la Banque Franco-Autrichienne-Hongroise, sur laquelle 250 francs seulement ont été versés, sera échangée contre une action de la nouvelle Société, libérée de 320 francs. L'opération, qui peut s'effectuer sans amoindrir les ressources liquides de la nouvelle Société, se fera, il est à peine besoin de le signaler, sans qu'aucun des deux Conseils d'administration prélève sur ce bénéfice exceptionnel les tantièmes statutaires auxquels il a droit. » (*Extrait du Rapport des Administrateurs-Directeurs de la Banque Franco-Autrichienne-Hongroise,* dans l'Assemblée du 11 juin 1874.)

Annexe VI. — « Tel était le programme de votre Conseil, lorsqu'il lui a été donné de le compléter par le projet de fusion avec la Banque Franco-Autrichienne-Hongroise.

» La Banque Franco-Autrichienne-Hongroise suivait en effet un ordre d'idées analogue; nous l'avions rencontrée à titre d'associée dans plusieurs opérations où nous avons pris, d'accord avec elle, les mesures utiles à nos intérêts communs. De là est née la première idée de fusion; votre Conseil s'y est bientôt attaché plus vivement, parce qu'il y a vu le moyen de résoudre une question importante et touchant de très-près les intérêts des actionnaires.

» Comme un grand nombre de créations financières qui portent le millésime de 1872, votre établissement avait vu ses actions injustement dépréciées sur le marché financier. Le capital de placement en France, en Allemagne, en Italie, etc., n'a pu absorber tous les titres qui avaient été créés dans un moment d'effervescence de l'esprit d'entreprise. Il y avait excès de papier; de là, dépréciation générale, et des Actions qui se trouvaient avoir une valeur intrinsèque égale, sinon supérieure au pair, étaient entraînées par un courant irrésistible. De ce nombre étaient les Actions de votre Banque qui, bien que *représentées par un avoir intact*, se cotaient en Bourse avec une perte de 130 francs sur 250 francs versés.

« Depuis longtemps votre Conseil se préoccupait de cette situation et cherchait, pour y remédier, le moyen de retirer de la circulation une partie des titres représentant le capital social. Agissant seule, la Banque Franco-Hollandaise n'avait à sa disposition que deux solutions: réduire le capital, en appelant au remboursement une partie des Actions émises, ou bien racheter ses propres titres.

« Le premier moyen, réduction du capital, est contraire à la loi; les avis que nous avons demandés à nos conseils judiciaires, ont été en parfait accord pour l'affirmer. Le second moyen, rachat de ses Actions par la Banque, soumis également à nos conseils judiciaires, a provoqué des objections auxquelles votre administration s'est d'autant plus facilement rendue, qu'elle avait elle-même été arrêtée par des scrupules d'ordre financier.

« Par l'entente et la fusion avec la Banque Franco-Autrichienne-Hongroise, il était possible de trouver une combinaison absolument légale et aboutissant au but qui était dans la logique de la situation, c'est-à-dire au retrait et à l'anéantissement d'une partie des titres dépréciés.

« En effet, nos relations étant devenues plus intimes avec cet établissement, il nous avait été donné de constater que l'actif — contenant, au surplus, et pour un chiffre important, diverses valeurs que nous pouvions d'autant mieux apprécier qu'elles étaient communes aux deux Banque — représentait, pour l'Action de la Banque Franco-Autrichienne-Hongroise, une valeur réelle et incontestable, largement supérieure à la valeur coursable. Sans être identiqne, la situation des deux Banques présentait bien cette analogie que le cours de la Bourse n'était, ni pour l'une ni pour l'autre, l'expression de la réalité constatée au bilan.

« La Banque Franco-Autrichienne-Hongroise a un capital de quarante millions, dont vingt millions versés, divisé en quatre-vingt mille actions. La Banque Franco-Hollandaise a, vous le savez, Messieurs, cent mille actions également libérées de 250 francs : ensemble 180,000 actions. Le but principal de la fusion fut de réduire le capital de la Société nouvelle à cent mille actions libérées de 250 francs chacune, en retirant de la circulation 80,000 actions de l'un et de l'autre de ces établissements, et dans la proportion du capital de chacun d'eux. Comme moyen pratique, la Banque Franco-Hollandaise acquit

45,000 actions de la Banque Franco-Autrichienne-Hongroise, et réciproquement cette dernière acheta 35,000 actions de notre établissement. Ces titres figurent à l'actif du bilan des deux Sociétés.

» De ces opérations il est résulté : 1° une différence, au profit de la Société fusionnée, de 7,200,000 francs que vous trouverez justifiée au bilan des deux Sociétés réunies ; 2° une amélioration sensible des cours ; 3° le retrait de 80,000 titres réduisant à 100,000 le nombre des Actions de la Banque nouvelle, si toutefois vous votez les résolutions que nous avons l'honneur de vous proposer.

» En effet, s'il y a lieu de se féliciter de cette combinaison d'ensemble, c'est à la condition expresse de poursuivre notre programme, qui consiste à détruire les Actions rachetées en effectuant la fusion des deux Banques. Cette condition est indispensable, sans quoi cette opération, essentiellement pratique et juste, emprunterait un caractère de spéculation que nous n'avons jamais entendu lui donner. — *(Rapport du Conseil d'administration de la Banque Franco-Hollandaise*, du 7 octobre 1874).

» Annexe VII. — Nous vous avions annoncé que la plus-value résultant de l'anéantissement des 35,000 Actions de la Banque Franco-Hollandaise, que nous possédons, et des 45,000 Actions de notre Banque possédées par la Banque Franco-Hollandaise, plus-value que nous avons évaluée à 70 francs environ par titre, serait appliquée à cette concurrence à la libération des Actions.

» Le projet définitif, qui est ici annexé, dispose au contraire que les actions resteront libérés de 250 francs par titre, ce qui fait porter la plus-value ci-dessus indiquée au crédit du compte de profits et pertes, d'où elle sortira, pour compléter la réserve et constituer un fonds de prévoyance ou de prévision.

» Mais ce changement, comme nous venons de le dire, est plus apparent que réel. En effet, dans l'un comme dans l'autre système, la valeur de l'action reste intrinsèquement la même ; le résultat le plus important à consacrer était d'enlever au Conseil d'administration le droit de faire des appels de fonds au delà des versements actuellement effectués, et ce résultat reste acquis dans le régime des Statuts que nous avons arrêtés.

» C'est, du reste, sur les avis de nos Conseils, que nous avons cru pouvoir accepter sans le contester l'unique changement qui était demandé par la Banque Franco-Hollandaise. (*Rapport du Conseil d'administration de la Banque Franco-Autrichienne-Hongroise*, du 8 octobre 1874).

Annexe VIII.— « De concert avec M. le ministre des finances, dont j'ai pris l'avis, conformément à l'article 4 de la loi du 24 mars 1874, j'autorise la réalisation par la Compagnie de la Vendée, d'un nouvel emprunt, par émission d'obligations, de 15 millions de francs, *ledit emprunt devant être suivi d'un appel de fonds de 3,600,000 francs sur les actions de la Compagnie, lesquelles se trouveront ainsi complétement libérées.*

Signé : De Larcy.

(*Extrait de la dépêche ministérielle* du 22 mai 1874.)

Annexe IX. — « L'Assemblée générale décide :

» Les nouveaux membres désignés par l'Assemblée pour constituer le Conseil d'administration, sont : MM. Philippart, etc., etc. » (*Extrait du procès-verbal de l'Assemblée générale des actionnaires de la Compagnie de la Vendée* du 22 décembre 1874.)

SEPTIÈME LETTRE

SOMMAIRE : Le Crédit Mobilier. — Procès-verbal de la séance de l'Assemblée générale extraordinaire du 2 mars 1875.

MONSIEUR LE RÉDACTEUR EN CHEF,

Le Crédit Mobilier.— Réponse aux assertions erronées par la communication du procès-verbal de l'Assemblée générale extraordinaire des actionnaires, du 2 mars 1875.

« *No case, abuse the plaintiffs attorney* » est une locution devenue proverbiale en Angleterre, pour caractériser le système de défense qui consiste, à défaut de bonnes raisons, à prendre pour tête de Turc l'avoué de l'adversaire. Votre tête de Turc a été, successivement, l'intervention d'un gouvernement étranger, la Commission extra-parlementaire des Chemins de fer, la fusion des Banques Franco-Hollandaise et Autrichienne, etc. C'est aujourd'hui le tour du Crédit Mobilier.

A des arguments, je sais opposer des arguments ; à des affirmations, des chiffres et des faits ; à des imputations sans fondement, les preuves qui les démentent. Mais je n'ai ni l'inclination ni le loisir de répondre à du verbiage.

Seulement, comme vous paraissez tenir à donner à vos lecteurs la physionomie exacte de l'Assemblée extraordinaire tenue le 2 mars au Crédit Mobilier, je vous adresse une copie officielle de son procès-verbal. Vous voudrez bien la reproduire, comme unique réponse à votre article du 4 mars.

Vous voudrez bien en même temps attirer l'attention de vos lecteurs sur les paroles que j'ai prononcées dans cette Assemblée, et vous remarquerez que le procès-verbal ne constate aucune protestation de la part de l'ancien Conseil d'administration.

Agréez, Monsieur le rédacteur en chef, etc., etc.

S. PHILIPPART.

Paris, le 4 mars 1875.

Extrait du Procès-Verbal de l'Assemblée générale extraordinaire des actionnaires du Crédit Mobilier du 2 mars 1875.

PRÉSIDENCE DE M. LE BARON HAUSSMANN.

La séance est ouverte à cinq heures moins un quart, aussitôt après l'Assemblée ordinaire et sans désemparer.

M. le président déclare que les feuilles de présence constatent que 85,292 actions, c'est-à-dire plus de la moitié du capital social, sont représentées. La réunion peut donc avoir lieu, conformément aux dispositions de l'article 34 des Statuts et aux prescriptions de la loi de 1867.

Il est procédé, comme pour l'Assemblée générale ordinaire, à la constatation des formalités pour la publicité légale, et à la formation du bureau. Les exemplaires de la *Gazette des Tribunaux* et du journal des *Petites affiches* portant la date du 14 février, et dûment timbrés, enregistrés et légalisés, sont déposés sur le bureau.

L'Assemblée désigne de nouveau MM. Bixio et Philippart, comme étant les plus forts actionnaires présents et acceptants, pour scrutateurs, et le bureau désigne également M. Dromery comme secrétaire.

M. le baron Haussmann prend la parole pour faire une communication à l'Assemblée, tant au nom du Conseil d'administration qu'en son nom personnel.

Il donne lecture d'un rapport, qu'il déclare préparé par lui et approuvé par le Conseil. Cet exposé insiste sur les négociations qui ont été ouvertes par M. Philippart et ses amis, administrateurs de la Banque Franco-Hollandaise, et sur la rupture de ces négociations, rupture qui a été suivie immédiatement de la réquisition faite, aux termes de l'article 4 des Statuts, pour la convocation de la présente Assemblée.

Il explique comment le Conseil d'administration, ainsi mis en demeure, n'a pas cru devoir se refuser à la convocation de l'Assemblée, et son impartialité lui fait un devoir de reconnaître que l'Assemblée, telle qu'elle est constituée, a tout pouvoir pour délibérer sur les questions dont elle est saisie.

Mais il déclare que le Conseil actuel ne pourra, quant à lui, s'associer à un vote favorable de l'Assemblée sur les propositions à l'ordre du jour, et qu'il se verrait, dans ce cas, forcé de laisser à d'autres le soin de mettre les nouvelles résolutions à exécution. — L'exposé de M. le président restera annexé au présent procès-verbal.

M. Philippart demande la parole. Il ne veut pas prolonger les délibérations de l'Assemblée; mais il croit devoir lui faire connaître les raisons qui ont motivé l'interruption des relations amicales, que la Banque Franco-Hollandaise entretenait avec la direction du Crédit Mobilier, interruption dont il est parlé dans la communication de M. le baron Haussmann.

Il ne dira qu'une seule chose, mais à regret, c'est que lorsque l'honorable M. Wallut écrivait à la Banque Franco-Hollandaise, pour lui demander des explications sur l'état de la Société, ce jour-là même, au nom de la Société de Crédit Mobilier, on vendait à découvert, à la Bourse, 16,000 actions de la Banque Franco-Hollandaise.

M. Philippart donne ensuite lecture des propositions faites par les actionnaires qui ont requis la convocation d'une Assemblée générale extraordinaire, en vertu de l'article 24, § 3, des Statuts :

« L'Assemblée donne au Conseil d'administration les pouvoirs les plus » étendus à l'effet de mettre fin par voie de transaction, de désistement ou » de toute autre manière qu'il jugera convenir, à tous procès nés ou à naître » entre la Société de Crédit Mobilier et ses anciens administrateurs.

» L'Assemblée autorise le Conseil d'administration a augmenter le capital » par l'émission de 160,000 actions nouvelles.

» Ces actions seront dites de priorité. Après prélèvement des sommes » prévues au premier paragraphe de l'article 35 des Statuts et antérieurement » à toute attribution d'intérêt aux actions anciennes, elles auront droit par » privilége à 6 0/0 d'intérêt sur les sommes versées.

» Les sommes à distribuer après le paiement de l'intérêt de 6 0/0 aux » actions de priorité et de 5 0/0 aux actions ordinaires, seront réparties par » parts égales, entre toutes les actions, sans distinction du capital versé sur » chacune d'elles.

» Le Conseil d'administration est autorisé à prendre les mesures néces- » saires pour l'émission de ces actions, à partir de ce jour, sans que le taux » d'émission puisse être inférieur au pair.

» Les actionnaires actuels auront la préférence à la souscription du nou- » veau capital, dans la proportion d'une action nouvelle pour chaque action » ancienne; mais ils devront avoir exercé ce droit avant le 21 mars 1875, » dans la forme qui aura été prescrite par le Conseil d'administration.

» Les versements auront lieu de la manière suivante :

» 1° 125 francs, au moment de la souscription ;

» 2° 125 francs, trois mois après, avec faculté d'anticipation aux conditions que le Conseil déterminera. Le surplus du capital ne pourra être appelé qu'à partir du 31 décembre 1880, par fractions de 50 francs et de trois mois en trois mois au moins. Le Conseil d'administration est autorisé à délivrer des titres au porteur, dès que l'action aura été libérée de 250 francs.

» Tous pouvoirs sont donnés au Conseil d'administration ou à celui de ses membres qu'il déléguera pour faire rédiger, pour signer et publier tous actes nécessaires à la réalisation de la présente résolution.

» L'Assemblée a également à se prononcer sur la réorganisation du Conseil d'administration. Ces propositions n'ont pas besoin de longues explications. Il est urgent de mettre fin aux nombreuses contestations dans lesquelles la Compagnie est engagé. Et le seul moyen d'arriver à la prompte réalisation des créances du Crédit Mobilier contre la Société Immobilière est, sans contredit, de fournir à la liquidation de celle-ci les sommes nécessaires pour lui permettre de liquider ses dettes immédiatement exigibles et de tirer de ses affaires le meilleur parti possible.

» C'est ce qui justifie l'augmentation du capital, qui est du reste nécessaire aussi pour mettre à fruit les affaires et entreprises actuellement en cours.

» La souscription au capital nouveau est dès à présent assurée, un syndicat ayant été formé par les soins des auteurs de ces propositions, à l'effet de prendre ferme toutes les actions dont l'attribution n'aurait pas été réclamée en temps utile par les actionnaires anciens. »

Sur la proposition de M. le Président, de passer successivement au vote des trois propositions indiquées à l'ordre du jour et conformes au texte dont il vient d'être donné lecture par M. Philippart, plusieurs actionnaires demandent la parole.

Sur la première proposition relative à la solution amiable des procès, un actionnaire demande s'il est possible de connaître les bases de la transaction que l'on compte adopter.

Il lui est répondu, par un autre actionnaire, qu'une transaction nécessite des négociations qui peuvent donner lieu à des difficultés, et qu'en tous cas, elles commandent une attention particulière, exclusive d'un débat public. L'Assemblée n'a donc qu'à donner au Conseil d'administration tous pouvoirs pour régler les bases de cette transaction et arriver à la solution désirée.

La première résolution est ainsi conçue :

« L'Assemblée donne au Conseil d'administration les pouvoirs les plus » étendus à l'effet de mettre fin, par voie de transaction, de désistement, » ou de toute autre manière qu'il jugera convenir, à tous procès nés » ou à naître entre la Société de Crédit Mobilier et ses anciens adminis- » trateurs. »

Il est voté par assis et levé, à l'unanimité des suffrages, sauf, à la contre-épreuve :

1° Trois ou quatre oppositions, par des actionnaires qui ne demandent pas la constatation du nombre de voix dont ils disposent ;

2° Et l'abstention de MM. Isaac et Eugène Pereire, représentés par leurs fondés de pouvoir, et de M. Wallut, tant en son nom qu'au nom des membres du Conseil.

Lecture de la deuxième proposition est faite par M. le Président. Son texte donne lieu à plusieurs observations de la part de divers membres de l'Assemblée. M. le Président fait notamment observer que la rédaction de cette proposition doit être modifiée en ce qu'elle parle du paiement d'intérêts sur les actions, alors que la loi ne permet de leur attribuer que des dividendes.

U autre actionnaire semble craindre que la priorité stipulée ne constitue, pour les nouvelles actions, un droit de préférence sur les anciennes dans les valeurs sociales, lors d'une liquidation.

Un actionnaire propose, conformément à l'avis de M. le Président, de supprimer les mots « intérêt » dans le second et le troisième alinéa, et fait observer que cette suppression suffit pour éviter toute équivoque, lorsque surtout les explications échangées ne laissent aucun doute sur le sentiment de l'Assemblée, qui n'entend donner au nouveau capital qu'un privilége sur le revenu.

Après ces observations, M. le Président met aux voix la seconde résolution, dans les termes amendés ci-après :

« L'Assemblée autorise le Conseil d'administration à augmenter le capital » social par l'émission de 160,000 actions nouvelles.

» Ces actions seront dites de priorité. Après prélèvement des sommes » prévues au premier paragraphe de l'article 35 des Statuts et antérieure- » ment à toute attribution aux actions anciennes, elles auront droit, par » privilége, à un prélèvement équivalant à 6 0/0 sur le capital versé.

» Les sommes à distribuer après le paiement de 6 0/0 aux actions de » priorité, et de 5 0/0 aux actions anciennes seront réparties par parts égales » entre toutes les actions, sans distinction du capital versé sur chacune » d'elles.

» En cas de dissolution de la Société, l'actif social sera réparti entre » toutes les actions sans distinction, proportionnellement au capital » versé.

» Le Conseil d'administration est autorisé à prendre les mesures néces- » saires pour l'émission de ces actions, à partir de ce jour, sans que le » taux d'émission puisse être inférieur au pair.

» Les actionnaires actuels auront la préférence à la souscription du » nouveau capital dans la proportion d'une action nouvelle pour chaque » action ancienne; mais ils devront avoir exercé ce droit avant le 21 mars » 1875, dans la forme qui aura été prescrite par le Conseil d'adminis- » tration.

» Les versements auront lieu de la manière suivante :

» 1° 125 francs au moment de la souscription;

» 2° 125 francs trois mois après, avec faculté d'anticipation, aux conditions » que le Conseil déterminera. Le surplus du capital ne pourra être appelé » qu'à partir du 31 décembre 1880, par fractions de 50 francs et de trois » mois en trois mois au moins. Le Conseil d'administration est autorisé » à délivrer des titres au porteur, dès que l'action aura été libérée de » 250 francs.

» Tous pouvoirs sont donnés au Conseil d'administration ou à celui de » ses membres qu'il déléguera pour faire rédiger, pour signer et publier tous » actes nécessaires à la réalisation de la présente résolution. »

Cette proposition est votée par assis et levé à l'unanimité des suffrages, sauf, à la contre-épreuve :

1° Trois ou quatre oppositions, par des actionnaires qui ne demandent pas la constatation du nombre de voix dont ils disposent;

2° Et l'abstention des membres du Conseil d'administration.

M. le Président prend la parole et s'exprime ainsi :

« Le moment est venu, pour mes collègues et pour moi, de résigner le » mandat que nous avions reçu des actionnaires de la Société. Nous » demandons à l'Assemblée de vouloir bien accepter notre démission. Mes » collègues, je pense, ratifieront, chacun en ce qui le concerne, ce que » je viens de dire. » (Marques d'adhésion de la part des membres du » Conseil.)

« En conséquence, par suite de la retraite de MM. Jules Chagot et Jules » Gauthier, et de la démission de M. Léon Götz, que M. le baron Émile » d'Erlanger avait remplacé provisoirement, et, enfin, par suite de la démis- » sion des quatre autres administrateurs, vous avez, Messieurs, table rase.

» Vous pouvez donc, si vous le voulez, reconstituer un Conseil, en adoptant » les vues qui vous ont été exposées et que vous avez déjà acceptées par vos » votes. »

M. le baron Émile d'Erlanger demande qu'il soit constaté au procès-verbal que le mandat provisoire qu'il avait reçu du Conseil d'administration avait une durée limitée à cette Assemblée même, et que son intention n'était pas d'en demander la confirmation.

Un actionnaire soumet au Bureau la proposition suivante :

« L'Assemblée donne acte au Conseil d'administration de la déclaration » présentée en son nom par son Président ; elle accepte la démission des » administrateurs et leur donne décharge de leur gestion. »

M. le président fait observer qu'un actionnaire ne peut saisir l'Assemblée d'une proposition qui n'a pas été mise à l'ordre du jour, sans le consentement du Conseil d'administration; mais que, dans l'espèce, le Conseil d'administration, qui n'avait pu prendre l'initiative de la proposition dont il s'agit, aurait mauvaise grâce à s'y opposer, et qu'en conséquence il adhère à sa mise en délibération.

L'Assemblée, consultée, adopte à l'unanimité la proposition dont le texte précède.

M. le président rappelle à l'Assemblée que, pour la constitution d'un Conseil d'administration, elle peut nommer, aux termes des statuts, cinq administrateurs au moins et douze au plus. Elle a donc à décider le nombre d'élections qu'elle entend faire.

L'Assemblée décide qu'elle entend, pour le moment, procéder à l'élection de sept membres.

En conséquence, M. le président invite l'Assemblée à s'entendre sur les noms qu'il conviendrait de proposer.

Un actionnaire donne lecture de la liste suivante :

MM. Simon Philippart,
Alfred Dromery,
Auguste de Laveleye,
Léon Fontaine,
Paul de Laurencin,
Gustave Joris,
Charles Weber.

Ces noms sont successivement soumis à l'approbation de l'Assemblée, et ils sont acceptés par assis et levé, moins, à la contre-épreuve; 1° Trois ou quatre oppositions, par des actionnaires qui ne demandent pas la constatation du nombre de voix dont ils disposent ; 2° L'abstention de MM. Haussmann, Wallut, d'Erlanger, Eynaud et baron Poisson.

M. le président demande ensuite à chacun des élus s'il accepte le mandat qui vient de lui être conféré.

MM. Simon Philippart, Alfred Dromery, Auguste de Laveleye, Léon Fontaine, Paul de Laurencin, Gustave Joris et Charles Weber déclarent successivement accepter les fonctions d'administrateurs, qui viennent de leur être conférées.

L'ordre du jour de l'Assemblée générale extraordinaire étant épuisé, M. le président déclare la séance levée à six heures moins un quart.

HUITIÈME LETTRE

SOMMAIRE : Explications nouvelles sur la fusion des deux Banques Franco-Hollandaise et Franco-Autrichienne-Hongroise. — Le cours de leurs Actions. — Rapprochement avec les cours des autres valeurs similaires et de la Rente.

MONSIEUR LE RÉDACTEUR,

Je suis fort aise que vous ayez jugé à propos de quitter « la forme de discussion solennelle et irritante » que vous aviez choisie. En ce qui me concerne, vous avez bien voulu le reconnaître, je n'aime pas la solennité de la forme ; et, quant à l'irritation, je ne tiens pas à en mettre dans la discussion, bien que je ne la cache pas, lorsque du raisonnement on passe à l'offense.

La fusion des deux Banques Franco-Hollandaise et Franco-Autrichienne. — Explications nouvelles.

Vous ne vous êtes certainement pas rendu compte de la gravité des imputations que vous vous étiez permises dans votre article du 2 mars. Vous m'y avez accusé d'avoir usé de manœuvres déshonnêtes, en conseillant l'achat, par chacune des deux Banques Franco-Hollandaise et Autrichienne, d'un certain nombre d'actions de l'autre, *sans avoir préalablement prévenu les actionnaires que le capital social était resté intact*, et, comme si vous vouliez accentuer davantage le caractère de l'offense, vous avez ajouté : « M. Philippart n'est plus à craindre désormais ; il est percé à jour : *Ab uno disce omnes*. »

La manœuvre déshonnête consistait à laisser ignorer aux actionnaires la situation de ces établissements et la valeur de leurs actions, et à avoir profité de leur ignorance pour leur acheter à 410 fr. un titre qui en valait 500.

Une accusation d'improbité ne saurait être plus formelle ; aussi, vis-à-vis des preuves que je vous ai immédiatement fournies pour la renverser, j'avais espéré que vous auriez reconnu votre erreur sans ambage ni restriction.

Un aveu loyal m'eût donné la satisfaction légitime à laquelle vous étiez tenu.

Cet aveu, je ne le trouve pas dans votre lettre du 5 mars. Je prends donc acte de vos déclarations, et je vais circonscrire le débat dans les termes où il a été posé par vous.

Vous reconnaissez, et j'en prends acte, que le rapport du Conseil d'administration de la Banque Franco-Hollandaise lu à l'assemblée du 24 février, constate que son capital était resté intact, et que le fait est pleinement confirmé par le rapport du commissaire.

Vous reconnaissez, et j'en prends acte, que le 23 avril 1874, le rapport des directeurs de la Banque Franco-Autrichienne-Hongroise constate que son capital était resté intact, et que le fait est pleinement confirmé par le rapport du commissaire.

Dès lors, votre accusation tombe, faute de base.

Pour vous en épargner un aveu trop catégorique, vous tournez la question, et vous me posez une série d'interrogations qui sortent du débat, mais auxquelles je consens volontiers à répondre.

La cote des actions de la Franco-Hollandaise et de la Franco-Autrichienne-Hongroise. — Leur valeur réelle et leur valeur sur le marché.

I. D'où vient, demandez-vous, que, à la suite de ces rapports si rassurants, les actions de la Banque Franco-Hollandaise n'aient été cotées qu'entre 447 fr. 50 au plus haut et 402 fr. 50 au plus bas, et celles de la Franco-Autrichienne-Hongroise qu'entre 405 et 370.

Vous paraissez insinuer, par cette question, que nous aurions arrêté le mouvement de hausse qui devait suivre la publication de nos rapports, à l'effet de profiter des bas cours pour racheter les 80,000 actions, dont il s'agit. Ce sera, avouez-le, la première fois que des achats aussi importants auront eu pour effet d'accentuer un mouvement de recul sur les valeurs qui en sont l'objet. J'avais toujours cru qu'en vertu du principe d'économie politique enseigné dans les écoles, une demande d'achat raréfiait l'offre de la valeur demandée. Il paraît que vous renversez cette théorie, et que vous êtes d'avis que, par le fait de nos demandes pour des achats si importants, nous aurions provoqué les offres du public. C'est un système. Reste à savoir si vos lecteurs l'adoptent.

II. Vous me demandez si les cours de la Franco-Autrichienne-Hongroise, dans les prix de 370 à 405 francs, n'ont pas été amenés par le rapport de son commissaire?

Mais vous laissez cette question dans un état tellement vague, que je la saisis à peine. Vous me paraissez vouloir dire que le rapport du commissaire n'était pas de nature à rassurer les actionnaires, parce qu'il s'y trouve le passage suivant :

« Dans le premier bilan qui m'a été communiqué, le compte de Profits et Pertes se soldait par un bénéfice net de 1,492,757 fr. 09 c. que les administrateurs avaient l'intention de vous proposer de porter en compte spécial de prévision. »

L'explication de ce passage se trouve dans le rapport de la direction, qui était ainsi conçu :

« Dans la situation du 15 décembre 1873 (présentée à la réunion du 23 décembre suivant par MM. Simon et Haarbleicher) le portefeuille avait été évalué à 6,830,706 fr. 03 c.

» Nous avions pensé d'abord n'apporter aucun changement à ce chiffre, bien qu'il nous eût paru exagéré.

» En effet, les valeurs qui constituent le portefeuille étaient en général cotées au pair ou au prix coûtant, et il ne nous semblait pas, pour certaines d'elles, que ces taux fussent en harmonie avec la situation actuelle des marchés financiers.

» Aussi, tout en conservant les évaluations faites par nos prédécesseurs, et qui avaient pour résultat de faire ressortir au compte de Profits et Pertes un bénéfice d'environ 1,500,000 francs, avions-nous l'intention de vous proposer de porter ce bénéfice en compte de prévision, *pour parer à la perte éventuelle sur la réalisation des valeurs de portefeuille.*

» Mais votre commissaire nous ayant fait observer qu'il était plus rationnel de faire supporter directement par chacune de ces valeurs, la moins-value qui devait leur être attribuée, nous nous sommes ralliés à ces observations, et, en conséquence, nous avons, d'accord avec lui, fait subir au portefeuille une réduction de 1,280,000 francs. »

Le *Messager de Paris*, une autorité que vous ne contesterez pas, monsieur, nous félicitait, dans son numéro du 27 avril 1874, de cette mesure de prudence, qu'il considérait même comme « peut-être exagérée ».

III. Vous laissez à chacun le soin de sonder, après examen des pièces du procès, les profondeurs de semblables mystères : capital déclaré intact et baisse continue sur les actions.

Je vais, Monsieur, donner à chacun la clef de ce mystère, qui vous paraît insondable.

Comparaison avec le cours des autres valeurs.

Le 2 mars 1874, le 5 0/0 était à 93 30, et le 3 0/0 à 58 95. A l'époque correspondante de 1875, le 5 0/0 était à 103 20, et le 3 0/0 à 65 50. Les taux de 1874 vous montrent donc que le marché financier n'était pas dans une situation bien excellente, et les tendances de la Rente influaient naturellement sur toutes les autres valeurs, et notamment sur celles de tous les Établissements de crédit. Je vous donne ici un tableau statistique, qui justifie pleinement cette observation. En regard de leur valeur intrinsèque, constatée par leurs bilans, des actions des principales institutions, je mets leur valeur coursable moyenne de mars 1874 :

NOMS DES ÉTABLISSEMENTS.	VALEUR de l'action d'après les bilans	VALEUR coursable mars 1874	ÉCART entre la valeur intrinsèque et la valeur coursable
Comptoir d'escompte	625	520	105
Crédit agricole	535	430	105
Société financière	515	385	130
Société générale	550	503	47
Banque Franco-Egyptienne	555	440	115
Banque Française-Italienne	520	420	100

Il n'y a donc rien d'étonnant à ce que, à la même époque, les Banques Franco-Hollandaise et Franco-Autrichienne-Hongroise fussent à 410 en moyenne, c'est-à-dire à 90 francs d'écart sur leur valeur intrinsèque.

IV. Vous arrivez à ce que vous appelez le « *Chapitre des révélations* », et vous le trouvez dans le rapport présenté à l'Assemblée de la Banque Franco-Autrichienne du 11 juin 1874.

1° Vous paraissez douter que les jurisconsultes aient pu affirmer que, pour réduire de moitié le capital d'une Société, il faut un vote unanime des actionnaires.

C'est cependant une thèse de droit qui n'est pas contestable. On peut, par la majorité requise par la loi, modifier les statuts d'une Société anonyme; mais pour changer une des conditions *essentielles* du pacte social, il faut le concours de *toutes* les volontés. La constitution du capital n'est-elle pas *l'essence* du contrat ? Si une Société n'a point prévu que son capital pouvait être augmenté, il faudra l'assentiment unanime pour créer une augmentation de ce capital. Il n'en n'est pas autrement de sa réduction.

2° Vous dites que nous avions un moyen beaucoup plus simple, plus logiqueet plus moral, c'eût été d'annoncer publiquement que les deux Sociétés, voulant réduire leur capital, étaient disposées à racheter au pair de 500 francs 80,000 actions à ceux des actionnaires qui ne voudraient pas continuer à les suivre.

Si nous avions soumis à nos conseils le système que vous préconisez, ils nous eussent certainement répondu qu'il était d'une application impossible au point de vue juridique. Si la Banque Franco-Autrichienne eût offert à ses actionnaires de leur racheter au pair 40,000 de leurs actions, elle leur eût proposé une opération, dont l'illégalité est certaine. Une Société ne peut racheter ses propres actions. L'opération que vous eussiez conseillée eût, du reste, été une liquidation pour la partie de capital remboursée.

Or, les statuts de la Banque ne lui permettaient de liquidation anticipée que dans les cas prévus par la loi, et cette liquidation n'eût pu être opérée que par l'accord unanime de tous les intéressés.

3° Auriez-vous, dans votre système, voulu, au contraire, que les achats de titres d'une des deux Banques eussent été opérés par l'autre? Celle-ci aurait dû alors en offrir le pair au public. Mais qu'auraient dit ses actionnaires, si le Conseil d'administration fût venu leur annoncer qu'il avait acquis, au pair de 500 francs, des valeurs d'une autre institution de crédit, quand, au moment de l'achat, la valeur constatée par la cote officielle n'était que de 410 francs, et sous le seul prétexte que la valeur intrinsèque représentait le pair?

Bien loin d'être acclamé, comme vous le croyez, ce Conseil eût été déclaré responsable de la différence.

J'attends, monsieur, les observations que vous m'annoncez à la fin de votre lettre, et j'aurai soin d'y répondre sans retard.

Maintenant, ne croyez pas, monsieur le rédacteur, que ce soit pour empêcher les journaux de s'occuper de ma personne, que j'ai pris le parti de remplir de mes réponses les colonnes du *National.*

Si vous vous étiez borné à discuter la question des Chemins de fer au point de vue financier ou politique, et non pas au point de vue de ma personne, je n'aurais pas songé un instant à intervenir dans ce débat. Mais vous oubliez que j'ai été, de votre part, l'objet d'attaques passionnées, à l'appui desquelles vous n'avez pas apporté l'ombre d'une preuve. Vous m'avez représenté dans votre journal comme venant m'asseoir au foyer de la France, pour la trahir; vous avez affirmé que je n'avais semé sur mon passage que la ruine et la désolation; que j'avais usé de manœuvres déshonnêtes pour m'enrichir aux dépens des actionnaires; que j'avais trompé un ministre en lui affirmant des faits dont je connaissais la fausseté. Dans ces conditions, vous n'avez certainement pas le droit de vous plaindre que je ne laisse point passer vos attaques sans réponse; et, de même que vous conserverez la responsabilité de la ligne de conduite que vous avez jugé bon de suivre à mon égard, de même vous me laisserez, s'il vous plaît, seul juge de l'exercice que je réserve à mon droit de réponse.

Agréez, monsieur le rédacteur en chef, etc., etc.

S. PHILIPPART.

Bruxelles, le 6 mars 1875.

NEUVIÈME LETTRE

SOMMAIRE : La dernière émission des obligations de la Compagnie de la Vendée. — Questions de droit et questions de fait.

MONSIEUR LE RÉDACTEUR,

Voici ma réponse à votre article du 6 mars :

La dernière émission des obligations de la Vendée.—Questions de droit et questions de fait.

Vous m'aviez, le 2 mars, accusé d'avoir affirmé au ministre, en lui demandant l'autorisation d'émettre une nouvelle série d'obligations de la Vendée, que les actions en étaient libérées, tandis qu'en réalité, il n'avait été versé qu'un capital de 350 francs sur chacune d'elles. C'est sur la foi de mon affirmation, que le ministre aurait accordé l'autorisation. En d'autres termes, vous m'accusiez d'avoir sciemment trompé le ministre.

Je vous ai répondu, en certifiant chacune de mes affirmations :

1° Que le fait que vous me reprochez n'a pu être accompli par moi, puisque l'autorisation d'émettre, donnée par l'honorable M. de Larcy, est du 22 mai 1874, c'est-à-dire antérieure de sept mois à mon entrée au Conseil de la Vendée;

2° Que ce fait n'a pu être accompli par personne, puisque le ministre déclarait, dans sa dépêche du 22 mai 1874, savoir que les actions de la Vendée n'étaient libérées que de 350 francs.

L'accusation tombe donc à tous égards, faute de base. Au lieu de le reconnaître loyalement, vous dénaturez aujourd'hui vos premières affirmations. Vous vous seriez borné, dites-vous, à accuser la Compagnie de la Vendée d'avoir émis des obligations sans que son capital social fût intégralement libéré.

Si vous rapprochez votre article du 2 mars de celui que vous écrivez le 6, ce langage est une défaite, et j'en prends acte.

Mais je ne puis l'admettre. Vous dites que le capital devait être intégralement versé avant l'émission des obligations, conformément : 1° à l'usage; 2° aux droits des obligataires; 3° aux termes de l'autorisation ministérielle du 22 mai 1874.

1° Conformément à l'usage? Mais si votre thèse est fondée, comment le ministre a-t-il pu autoriser les précédentes émissions d'obligations de la Vendée, alors que le capital n'était même libéré que de moitié? A cette occasion, je vous « révélerai » que les actes de concession font en général dépendre l'émission des obligations de la question de savoir si le capital est libéré, non pas de la totalité, mais seulement d'une certaine quotité déterminée par ces actes mêmes. Je vous « révélerai » aussi l'avis du Conseil d'État, qui établit qu'aucune émission d'obligations ne peut être autorisée qu'après que les 4/5 du capital-actions ont été versés et employés en achats de terrains, travaux et approvisionnement sur place, ou en dépôt de cautionnement.

2° Conformément au droit des obligataires? Le droit des obligataires, c'est que le capital social qui leur a été annoncé soit *souscrit*, mais non pas qu'il soit libéré. Sinon, le législateur, le gouvernement et le conseil d'État se seraient unis pour établir des règles et autoriser des émissions en violation des droits des obligataires.

3° Conformément à la dépêche ministérielle du 22 mai 1874? Mais elle porte que l'émission des obligations devait être suivi de l'appel de 150 francs sur chaque action.

Or, ainsi que j'ai eu l'honneur de vous le dire dans ma lettre du 2 mars, l'émission a eu lieu les 8 et 9 janvier, et la libération des actions se poursuit actuellement.

Vous me faites l'injure de douter de cette affirmation : vous avez pris la cote officielle et vous n'y avez, dites-vous, trouvé aucun indice de l'appel de fonds complémentaire.

C'est, peut-être, parce que ce n'est pas là que vous deviez en trouver l'indice. Je vous « révélerai, » qu'en exécution d'une décision du Conseil, en date du 2 février 1875, l'appel de fonds a été annoncé pour la date du 15 mars, par l'*Officiel*, *le Droit*, *la Semaine financière* et un grand nombre d'autres journaux quotidiens et financiers.

Vous paraissez ensuite désireux de connaître la suite qui a été donnée à une dépêche, que la Compagnie de la Vendée aurait reçue depuis le 22 décembre 1874, et dans laquelle le ministre lui aurait demandé des renseignements sur sa situation financière. Puisque, monsieur le rédacteur, vous êtes si bien dans le secret des dieux et que vous semblez avoir une oreille dans les cabinets du Gouvernement, lequel, s'il fallait en croire votre indiscrétion, aurait ainsi livré une correspondance administrative dans l'intérêt d'une polémique agressive, — votre demande me paraît oiseuse : à celui qui vous a livré communication de la démarche, de vous donner communication de la réponse qui y a été faite! Cette réponse vous donnera certainement tous vos apaisements.

Vous terminez, monsieur le rédacteur, par une appréciation assez peu favorable des entreprises poursuivies en Belgique par la Compagnie des chemins de fer des Bassins houillers. Comme les faits que j'ai signalés et que je vous ai mis à même de contrôler répondent à vos appréciations, je n'y reviens plus, afin de ne pas éterniser une discussion parfaitement inutile au point de vue des intérêts dont vous vous êtes constitué le défenseur.

Vous tenez, cependant, à me dire que *le National* n'a aucune raison d'hostilité contre ma personne; avouez qu'il n'y paraît guère, et agréez l'expression de ma haute considération.

S. PHILIPPART.

Bruxelles, le 7 mars 1875.

DIXIÈME LETTRE

SOMMAIRE : Aveux et contradictions. — Le Crédit Mobilier. — Le but de sa nouvelle direction. — Projets d'avenir.

MONSIEUR LE RÉDACTEUR EN CHEF,

Aveux et contradictions.

Votre article du 7 mars m'a surpris agréablement. Je ne m'attendais pas à vous entendre porter témoignage en ma faveur. Depuis le 11 jusqu'au 27 février (à partir de cette date, le débat a dégénéré), vous n'aviez pas cessé un seul jour de prémunir les Conseils généraux et la nation contre nos projets. Vous avez prêché la thèse de la monopolisation des voies ferrées au profit des grandes Compagnies avec une si grande vigueur de langage, sinon de logique, que les partisans intéressés de cette thèse ont répandu vos articles jusque dans les moindres bourgades du pays, avec une profusion dont vous ne vous faites pas idée et à laquelle, j'en suis certain, vous êtes resté étranger.

Et vous reconnaissez aujourd'hui que j'étais le champion des petites Compagnies, le défenseur des intérêts du public et du commerce contre le monopole des grandes ; que je poursuivais une œuvre « démocratique » en attaquant la féodalité de celles-ci dans leurs puissantes citadelles !

Nous voici bien près de nous trouver d'accord. Je m'étais promis d'arriver à ce résultat : c'était le but que je m'étais proposé, et, vous le savez, « à peine ai-je visé un but, que déjà ce but est atteint ».

L'aveu vous coûte, cependant. Aussi craignez-vous que ce ne soit qu'un masque. Nos projets, à votre sens, ne sont pas de poursuivre l'œuvre « démocratique » qui m'avait conquis tant de « sympathies », — à l'exception des vôtres, toutefois — mais bien de « mettre la main sur l'établissement le plus capable » d'exercer une influence prépondérante sur la Bourse de Paris », c'est-à-dire sur un des plus grands marchés financiers du monde.

Le Crédit Mobilier.

J'accepte pour le Crédit Mobilier cet éloge mérité. Sa vieille renommée, sa clientèle immense, ses ressources considérables, ses anciennes traditions, son personnel actif et dévoué lui assurent, sur le marché de Paris et sur tout le marché européen, les prépondérances légitimes que vous lui reconnaissez.

Ces forces, nous les mettrons à la disposition de l'œuvre démocratique, que nous poursuivons ; de cette œuvre dont, hier, *la France*, par la plume de votre plus célèbre publiciste, appelait l'accomplissement comme une nécessité nationale, autant au point de vue politique et stratégique, qu'au point de vue des intérêts des populations et de la fécondation de la richesse publique.

Le but de sa nouvelle direction.

A diverses reprises, vous avez manifesté la crainte de me voir, en ouvrant la porte du Crédit Mobilier, introduire dans la place l'esprit de spéculation et d'agiotage. Rassurez-vous, monsieur ! Vous ne verrez plus désormais le Crédit Mobilier s'aventurer dans ces ventes de titres à découvert, dans ces opérations de jeu qui ne laissent après elles que d'amers regrets et de lourdes responsabilités !... A mon sens, pour l'institution de crédit comme pour le particulier, la fortune qui n'est pas le résultat du travail est bâtie sur le tuf. Je vous le répète : nos efforts tendront à faire, du Crédit Mobilier un établissement français, s'occupant avec énergie de faire fructifier ses ressources actuelles, n'enfouissant plus son activité dans la procédure, trouvant des aliments dans les affaires françaises, agissant ainsi sous le contrôle de tous, et ne s'occupant des intérêts étrangers que pour se maintenir dans le concert de la haute banque européenne.

Vous avez un jour douté, pour nos Compagnies, de la possibilité de mener à bonne fin la construction de ce réseau de 4,000 kilomètres, dont 1,000 sont déjà en exploitation, comme je vous l'ai « révélé ». Vos doutes ne sont-ils pas un peu évanouis ?

Les projets de l'avenir.

Après cette profession de foi, je n'ai pas, j'imagine, à vous entretenir de nos projets d'avenir. Vous m'en prêtez d'extravagants, n'en parlons pas ! Quant aux autres, je ne vous en parlerai pas davantage. Vous m'accordez une certaine dose d'habileté ; je craindrais, en vous dévoilant ces projets, de compromettre la bonne opinion que vous avez de moi.

A moins que vous me forciez à y remonter, je quitte votre tribune, mais non pas sans vous témoigner ma reconnaissance. Quand on veut enfoncer un clou dans un mur, on frappe des coups secs et saccadés. J'avais une idée, j'avais à la faire entrer dans l'esprit du public, et vous avez bien voulu me servir de marteau. Je ne saurais assez vous en remercier.

Veuillez agréer, monsieur le rédacteur, etc., etc.

S. PHILIPPART.

Bruxelles, le 8 mars 1875.

LA

PROPOSITION DE M. DE PLŒUC

LA

PROPOSITION DE M. DE PLŒUC

OPINION

DES PRINCIPAUX JOURNAUX DE PARIS.

LA LIBERTÉ DU 10 MARS.

La Proposition de M. de Plœuc.

L'honorable marquis de Plœuc a saisi l'Assemblée d'une proposition qui, venant de lui, nous a surpris.

Il s'agit d'un projet de loi ayant pour objet de mettre en interdit et en curatelle les étrangers qui voudraient, en France, employer leur savoir à la construction et à l'exploitation des chemins de fer.

Or, l'auteur de cette proposition a dû peser les conséquences d'un tel principe au point de vue de la réciprocité à l'étranger, et il nous étonne que cet auteur soit précisément l'honorable marquis de Plœuc. Avant que ses services soient réclamés pour la gestion de notre grand établissement, la Banque de France, M. de Plœuc a, lui aussi, occupé une position presque officielle à l'étranger, en Turquie, et il a pu voir, par sa propre expérience, ce qu'il y a de légitime fierté à porter au dehors son influence, son habileté, son savoir.

La France a souvent accepté chez elle le travail de l'étranger. Dans nos banques, dans nos chemins de fer, nous acceptons volontiers la collaboration d'administrateurs et d'ingénieurs qui, étrangers par la naissance, demandent à travailler sur le sol national.

Mais la France est un pays riche, non-seulement par les dons de la nature, mais par ceux de l'intelligence. Notre pays a une force d'expansion vive qui doit se répandre au dehors, et, il faut le dire, au dehors, les ingénieurs, les savants, les hommes spéciaux de France ont toujours trouvé un accueil favorable.

Quelques exemples : les institutions de crédit foncier, calquées sur le modèle du Crédit Foncier de France, ont été établies, en Autriche par exemple, par l'élément national. En Autriche, encore, ne sont-ce pas des ingénieurs français qui se trouvent à la tête des principales entreprises de chemins de fer, et, lorsque la guerre éclata en 1859, le Gouvernement de ce pays n'a-t-il pas donné une preuve de sagesse et de mesure en se privant momentanément du concours des ingénieurs étrangers, mais pour les réintégréer aussitôt après dans leurs fonctions ?

Nous voudrions dresser la liste — elle serait longue et tout à notre honneur — des fonctionnaires du corps des Ponts et chaussées qui, tout en conservant leur titre et leur rang, ont été détachés à l'étranger, où de grandes œuvres leur étaient confiées.

Grandes œuvres ! Mais il en est une qui est bien française, et qui est restée française en dépit de l'envie : le Canal de Suez.

Conçue par un Français, exécutée par nos ingénieurs, commanditée par l'argent national, par la petite épargne qui devait, quelques années après, souscrire les 6 milliards d'emprunt, le Canal de Suez est une œuvre nationale située au-delà de nos frontières. Elle est nôtre jusqu'ici, et pourtant cette œuvre internationale est l'objet de convoitises.

M. le vice-gouverneur de la Banque de France voudrait, par sa proposition, exclure les étrangers qui, *sur notre sol*, s'intéressent dans des chemins de fer que, du jour au lendemain, l'Etat peut confisquer en cas de péril urgent, et que le Canal de Suez reste Compagnie française, exploitée par des nationaux !

Avions-nous raison de parler de réciprocité? Que dirions-nous si, demain, le Suez et tant d'autres entreprises nous échappaient, parce que, les premiers, nous aurions posé un triste précédent d'exclusion et de défiance?

Il y a là un écueil que nous devons signaler. Ne faisons pas aux autres ce que nous ne voudrions pas qu'on nous fît. Le conseil est ancien ; mais il est resté précieux, précieux surtout pour nous qui avons la légitime prétention de reculer nos frontières, dès qu'il s'agit de civilisation et de progrès.

LA **LIBERTÉ** DU 11 MARS.

Le Blocus industriel de la France.

A quels principes surannés et condamnés depuis longtemps par la science économique et par la pratique du droit des gens chez tous les peuples veut donc nous ramener l'honorable M. de Plœuc ? Sa proposition, à laquelle l'Assemblée a accordé la faveur de l'urgence, a vivement ému l'opinion. Il n'y a pas un instant à perdre pour dégager la responsabilité de la France des préventions absurdes et des terreurs humiliantes vis-à-vis de l'Europe, qui va rire de nous.

Cette proposition ne tend à rien moins qu'à amener le blocus industriel de la France; car elle doit avoir pour but d'arrêter l'essor du crédit français et de laisser sans protection, sans représentation, sans contrôle, le capital national engagé à l'étranger dans des proportions énormes, comme nous allons le voir tout à l'heure.

Que dira-t-on de notre pays? Que dira-t-on de l'Assemblée nationale, en résence d'une telle tentative émanant du sous-gouverneur de la Banque de France? L'honorable M. de Plœuc s'est trompé; il a cru qu'il gouvernait la Banque de Chine.

M. de Plœuc veut expulser des conseils d'administration des chemins de fer français les étrangers, qui ne pourraient y siéger désormais qu'avec la double autorisation du ministre des Travaux publics et du ministre de la Guerre.

Si une mesure si ridiculement prohibitive pouvait être adoptée, elle aurait pour conséquence inévitable de soumettre au même régime tous nos nationaux qui administrent les chemins de fer étrangers.

Qui ne sait que dans les pays de l'Europe, où les capitaux français ont si puissamment favorisé ces grandes entreprises, où nos ingénieurs en ont dirigé la construction et en dirigent encore l'exploitation, il existe déjà certains préjugés, certaines défiances, auxquels on donnerait ainsi un prétexte plausible, un argument décisif ?

Veut-on encore, lorsque nous avons perdu notre influence politique, nous créer à l'extérieur des difficultés et nous faire perdre, dans le domaine économique, une supériorité qui ne nous est pas contestée ?

Une des plus grandes forces de la France, c'est son extension industrielle, c'est sa puissance financière, qui, loin d'avoir été affaiblie par nos désastres, semble en avoir reçu un nouvel accroissement, un nouveau prestige.

En nous demandant cinq milliards quand elle croyait que nous ne pourrions pas les payer, la Prusse se flattait de nous avoir épuisés, et nous lui avons montré que nous étions inépuisables. Depuis la paix comme avant la guerre, notre marché est resté le réservoir des capitaux que notre production, notre épargne, nos échanges renouvellent sans cesse et qui se répandent sur le monde entier pour nous revenir ensuite par l'irrésistible mouvement de la liberté du commerce dont les chemins de fer sont partout l'agent le plus actif.

L'une des gloires de la France, la plus féconde, la plus durable peut-être, c'est celle qu'elle doit à ses ingénieurs. Véritables conquérants du monde moderne, ils n'ont reculé devant aucune difficulté, et ils ont vaincu des obstacles qui paraissaient invincibles. En Espagne, en Russie, en Autriche, en Italie, en Suisse, en Allemagne, nous retrouvons la puissante impulsion de leur génie à côté de nos capitaux, pour accomplir cette œuvre de la transformation de l'Europe par un réseau qui pénètre partout, qui unit tous les peuples et qui, bientôt, va mettre Paris en communication directe avec Constantinople.

Or, qu'est-ce que la proposition de M. de Plœuc ? C'est la dénonciation de la seule alliance qui nous reste, celle qui nous unit à tous les peuples par les bienfaits de la réciprocité, par les applications de la science et par l'immense développement de l'industrie. A cette alliance on entend substituer l'isolement, l'antagonisme et le blocus.

Le cardinal de Richelieu disait que la puissance de la France n'était pas en France, qu'elle était en Europe, qu'elle était partout. Le grand Frédéric était du même sentiment quand il disait : « Si j'avais l'honneur d'être roi de France, il ne se tirerait pas en Europe un seul coup de canon sans ma permission. »

On peut dire aujourd'hui que la fortune de la France n'est pas seulement en France, qu'elle est partout. Les entreprises qu'elle fonde à l'étranger sont pour elle ce que les colonies et les comptoirs sont pour l'Angleterre.

Les chemins de fer dont elle favorise la construction, et qui sont partout l'instrument de la richesse publique, sont désormais pour elle une partie de la fortune nationale, en même temps qu'une condition de son influence à l'étranger.

En veut-on la preuve? Nous la trouvons aussi complète, aussi décisive que possible dans les statistiques des chemins de fer de l'Europe et presque du monde entier, où les capitaux français figurent pour une somme qui atteint CINQ MILLIARDS, dont la gestion est garantie par la présence, dans les conseils d'administration, de Français éminents par la considération dont ils jouissent et par le crédit moral qui s'attache à leurs noms.

Pour bien faire comprendre sur qui retombe, par voie de représailles, la proposition de M. de Plœuc, il importe de citer quelques-uns de ces noms.

Pour le Canal de Suez, M. de Lesseps. Ce nom-là, par son illustration, me dispense de citer les autres.

Pour les chemins Lombards, Sud-Autriche et Haute-Italie, MM. le baron de Rothschild, Bartholoni, Cornélis de Witt, Paulin Talabot.

Pour les chemins de l'Espagne, MM. Isaac Pereire, le duc Decazes, Charles Laffitte et comte Clary.

Pour les chemins de fer de la Turquie d'Europe, M. Talabot, M. Blount.

Pour le chemin de Madrid à Saragosse, M. Teisserenc de Bort.

Pour le chemin de fer de la Suisse occidentale, M. Baudin, M. Girod (de l'Ain), M. de Rainneville. Pour les chemins de fer Portugais, M. de la Bouillerie, M. le vicomte Daru, M. Delahante.

Pour les chemins de fer Autrichiens, MM. Malet, d'Eichtal, Isaac Pereire vicomte de La Guéronnière, Henry Germain, Salvador.

Nous pourrions multiplier ces citations. Nous pourrions également montrer le personnel des banques fondées à l'étranger par des Français et dans lesquelles ils exercent une direction prépondérante. Il n'y a pas un nom considérable appartenant aux grandes affaires financières, que l'on ne retrouve dans ces listes; nous y rencontrons même le nom de M. de Plœuc parmi les membres du conseil de la Banque Ottomane, et qui, si nous ne nous trompons, a résidé même en Turquie comme représentant de cette Banque, et qui, alors, montrait par son exemple le rôle que peuvent remplir les étrangers dans les grandes opérations internationales.

Voilà la liste des représailles ! *Six milliards* de capitaux français abandonnés dans toutes les parties du monde par les administrateurs qui en sont la garantie ! Voilà le résultat pratique de la proposition de M. de Plœuc !

Et pourquoi tout cela ? Parce que des étrangers, se soumettant à la loi française, viennent exécuter chez nous des contrats faits soit avec l'Etat, soit avec les départements.

D'abord, quels sont ces étrangers ? Ce sont des Belges, et c'est la première fois que nous entendons parler du danger de l'invasion de la France par la Belgique. Les Belges sont Français par la langue, par le cœur, par les intérêts; mais seraient-ils nos ennemis, que nous devrions encore accueillir sans défiance le concours qu'ils nous apporteraient pour achever notre réseau national et lui donner, sans plus de retard, tous les développements que comporte la stratégie, la production industrielle et la liberté du commerce.

Singuliers ennemis, en effet, qui travailleraient ainsi bien mieux à notre force défensive que la Prusse elle-même, si au lieu d'employer son budget à perfectionner son armement, elle nous rendait une partie des 5 milliards pour fabriquer des canons.

LE **XIXe SIÈCLE** DU 11 MARS.

Une Loi contre un homme.

Un homme, un étranger, un Belge, que nous n'avons jamais vu et que sans doute nous ne verrons jamais, car son activité se meut dans une autre sphère que la nôtre, est accusé d'avoir spéculé sur la hausse, tandis que certains financiers, dont l'influence s'étend jusqu'à Versailles, jouaient patriotiquement à la baisse. Nous avons entendu conter ces aventures, qui, par l'énormité de la perte et du gain rappellent les féeries des *Mille et une nuits*. Pour les imaginations terre à terre, pour les esprits bourgeois, comme il s'en rencontre beaucoup, Dieu merci ! la Bourse est un pays magique, éclairé par la Lampe merveilleuse, mais malheureusement exposé aux visites du trop célèbre Ali-Baba. Aussi l'admirons-nous de loin, n'ayant ni la hardiesse qu'il faut pour y faire fortune, ni la philosophie indispensable aux victimes du jeu.

Mais pour n'être pas spéculateur, on n'en est pas moins homme et même Français de ce temps-ci. On peut se désintéresser de la hausse et de la baisse sans demeurer indifférent aux questions financières, le jour où elles se colorent de politique et font irruption dans le domaine auguste des lois. Il n'y a ni détachement ni indifférence qui tienne devant un incident aussi nouveau, aussi bizarre, aussi phénoménal que la proposition de l'honorable M. de Plœuc.

La chose s'est produite avant-hier; elle est tombée comme un aérolithe au milieu d'une Chambre effarée et légèrement ahurie par la crise ministérielle. Les représentants de la France étaient tous absorbés dans l'attente d'un cabinet, lorsque M. de Plœuc, député de Paris et sous-gouverneur de la Banque, charma M. de Soubeyran par le petit discours que voici :

« Messieurs,

« En temps de guerre, les chemins de fer sont, vous le savez, une arme redoutable.

« Vous l'avez si bien compris que, d'accord avec le Gouvernement et la commission de l'armée vous avez dans la séance du 5 janvier dernier, renvoyé à l'examen de cette commission un amendement de l'honorable M. Varroy, stipulant que dans un rayon de 100 kilomètres à partir de la frontière, les agents de l'exploitation des chemins de fer Français devront être agréés par les ministres des Travaux publics et de la Guerre.

« Mais encore faut-il prévoir le cas où la direction de l'exploitation d'un ou de plusieurs de nos chemins de fer Français arriverait aux mains d'un étranger.

« Que servirait, comme le demande l'honorable M. Varroy, que les simples soldats de l'exploitation fussent agréés par les ministres compétents, si celui qui les commande en chef, celui auquel le gouvernement est obligé de faire ses confidences, relativement aux dispositions à prendre pour le transport des troupes, des vivres, des munitions, n'a aucun lien qui le rattache à notre patrie, s'il n'est pas Français ?

« Sans entrer dans plus de développements sur une proposition dont l'urgence n'échappera à personne, j'ai l'honneur de vous soumettre la proposition suivante :

« PROPOSITION DE LOI.

« *Article unique.*

« A l'avenir, nul ne pourra remplir les fonctions de président, ni de membre d'un conseil d'administration d'un chemin de fer Français, s'il n'est Français, à moins de l'agrément des ministres des Travaux publics et de la Guerre. »

L'utilité de cette loi fût-elle admise, ce qui nous paraît fort douteux, nous ne croyons pas qu'en dehors de la Bourse, un seul Français puisse sérieusement la considérer comme urgente. Il y a peut-être péril en la spéculation, il n'y a certes pas péril en la demeure. Quand nous aurons la guerre, tous les chemins de fer, petits et grands, seront mis en réquisition, comme il convient, par l'autorité militaire, qui ne demandera pas à MM. les administrateurs la permission de transporter nos hommes et nos canons. Les étrangers suspects, ou simplement douteux, s'il en est quelques-uns dans les conseils des compagnies, seront, ou renvoyés dans leur pays, ou rendus aux loisirs de la vie privée. Le salut public a ses lois, elles sont exellentes, et ce n'est pas nous qui rêvons de les voir abrogées.

Mais la France est en paix, pour le moment, avec tous les peuples du monde, et même avec la Belgique. Or, la construction des chemins de fer et leur exploitation en temps de paix ont été, jusqu'à ce jour, une œuvre internationale. Tous les capitaux de l'Europe ont fourni leur contingent à la création de notre réseau, comme notre argent a trouvé son emploi dans presque tous les réseaux de l'Europe. Nous n'avons pas prêté seulement nos écus à l'Espagne, à l'Italie, à l'Autriche, à la Russie ; nous leur avons fourni des ingénieurs, des administrateurs, des directeurs. Rien que dans la capitale de l'Autriche, j'ai eu l'honneur et le plaisir de rencontrer deux Français, dont chacun dirigeait une grande et florissante compagnie ; l'un d'eux gagnait à ce métier deux ou trois cent mille francs par an.

Loin, bien loin de l'Europe, à l'isthme de Suez, j'ai reçu la plus noble et la plus cordiale hospitalité au sein d'une colonie française. Et le grand fondateur de cette colonie, M. Ferdinand de Lesseps, étudie en ce moment le tracé d'une ligne qui reliera l'Inde anglaise à la vieille Europe. On ne dit pas qu'un seul Anglais ait protesté dans la Chambre des communes contre l'ambition menaçante de notre illustre compatriote et ami.

Si la manifestation excentrique de l'honorable M. de Plœuc devait avoir d'autres suites que le vote distrait de lundi dernier; si véritablement une Assemblée française interdisait aux étrangers l'administration de nos compagnies industrielles, il est certain que l'étranger userait de représailles et bannirait à son tour, non-seulement les ingénieurs français, mais les financiers de notre pays qui, en Autriche, en Espagne, en Italie, en Turquie, et presque partout, surveillent le bon emploi des capitaux français.

Mais c'est un argument qui saute à tous les yeux et que la plupart des journaux politiques ont usé depuis vingt-quatre heures. J'en tiens un autre, un peu plus neuf peut-être, à la disposition des esprits désintéressés.

Cette vieille hospitalité française, qu'on aurait tort de pousser jusqu'à la duperie, mais qu'il faut continuer bravement, les yeux grands ouverts, nous a rendu de signalés services. Vous êtes-vous jamais demandé comment les Fould, les Stern, les Rothschild et vingt autres financiers de premier ordre, dont les noms en *eim*, en *idt*, en *unt*, en *a* et en *i*, attestent une origine étrangère, ont fait souche de citoyens français? Pour ne prendre au collet qu'une seule famille, et la plus considérable de toute la finance, je vous prie de me dire pourquoi les Rothschild ont ici leurs capitaux, leurs bureaux, leurs maisons, leurs châteaux et même leurs affections patriotiques assez ardentes, pour que l'un d'eux ait mérité, en 1870, la médaille militaire? Cela tient tout simplement aux facilités qu'un Rothschild de Francfort a trouvées dans nos lois, dans nos mœurs, dans notre tolérance religieuse et notre cordialité.

Faites le compte des Allemands, des Italiens, des Belges, des Savoisiens (avant l'annexion) et des Suisses qui ont fait leur fortune et la nôtre dans la banque, dans l'industrie, dans les chemins de fer et les travaux d'intérêt public. Recensez les familles étrangères qui, attirées chez nous par la spéculation, sont devenues assez françaises par l'habitude et le sentiment pour naturaliser leurs descendants et leurs patrimoines. Vous me direz ensuite si j'exagère en affirmant qu'une loi de Plœuc, votée en 1815, eût retardé de dix années le développement économique de notre pays !

ABOUT.

L'ÉCHO DU 11 MARS.

La Journée.

On a pu voir l'avis presque unanime de la presse sur le projet de loi présenté par le marquis de Plœuc.

Il est peu favorable. Les journaux d'hier soir surtout, qui, ayant eu plus de temps pour la réflexion, ont pu émettre un avis mieux motivé, ont peine à croire que la loi puisse être prise tout à fait au sérieux par ses auteurs eux-mêmes.

D'ailleurs, *la Patrie*, *le Paris-Journal*, qui passent pour recevoir quelquefois les inspirations d'un des plus chauds partisans de cette loi chinoise, ne peuvent se dissimuler aujourd'hui les inconvénients nombreux qu'elle aurait pour la France, et reconnaissent qu'il sera nécessaire, en tous cas, d'y introduire de nombreux amendements.

Il est donc admis maintenant que ce chef-d'œuvre, boutade inattendue d'un homme que les délicates fonctions qu'il a remplies et l'expérience qu'il doit avoir auraient dû mettre à l'abri de pareilles inconséquences, il est admis, disons-nous, que cette loi, qui semble cacher sous le couvert du patriotisme un but moins élevé, est mauvaise et inefficace.

Il est curieux de constater l'effarement de tous les journaux sérieux, en présence des conséquences évidentes que la plus simple réciprocité amènerait pour la France.

Voter cette loi, c'est voter en principe la perte du canal de Suez, c'est forcer M. de Rothschild à abandonner les intérêts qu'il a dans les chemins de fer du sud de l'Autriche, de la haute Italie, de l'Espagne.

C'est forcer M. Bartholony, qui est Suisse, et les Rothschild, de Londres, à donner leur démission d'administrateurs de nos grandes Compagnies françaises.

C'est rappeler à M. de Plœuc lui-même, l'honorable auteur de cette loi patriotique, mais fantaisiste, qu'il a été un danger public pour la Sublime-Porte, comme MM. Cornélis de Witt, Bartholony, Talabot, le sont encore pour l'Autriche et l'Italie, puissances avec lesquelles les relations diplomatiques sont pourtant excellentes.

Quel est le pays d'Europe dans les affaires duquel un Français n'ait pas de haute influence?

Ce n'est pas avec de pareilles lois de suspects, que l'on résoudra la question des Chemins de fer français, puisque c'est cette question qui est en jeu, les promoteurs de la loi ayant eu soin de le faire dire par leurs amis.

La lutte est ouverte, devant le pays, entre les grandes et les petites Compagnies : les unes luttent pour la défense du privilége qu'elle se croient le droit de déclarer inattaquable; les autres combattent pour l'achèvement du réseau français, dans les conditions les plus favorables au Trésor, les plus pratiques et les plus économiques. Les unes et les autres représentent de grands intérêts, et la lutte dont le résultat importe à la grandeur et à la richesse publiques est digne d'occuper l'attention de l'Assemblée.

L'opinion est émue, les départements soutiennent vivement leurs droits, l'œuvre de décentralisation s'accomplit, et à propos de conventions dernièrement signées entre le ministre des travaux publics et les Compagnies du Nord, du Midi et du Paris-Lyon-Méditerranée, on pourra peser les arguments et les moyens de chacun des deux partis en présence.

Les adversaires de l'œuvre qu'accomplit M. Philippart pourront alors donner carrière à leurs raisonnements, leurs chiffres et même leur patriotisme. D'ici là, il est peu digne et peu sérieux d'essayer d'entraîner par surprise la Chambre à faire une loi déplorable dans ses résultats et inefficace dans le but qu'elle poursuit.

Le *Temps* a sur la question la même opinion que nous.

LA FRANCE DU 11 MARS.

L'Eunuque des Compagnies de Chemins de fer.

En 1863 et 1869, il y eut au Corps législatif deux tentatives de déclaration d'incompatibilité entre le mandat de député et les fonctions d'administrateurs de certains grands établissements financiers et aussi des compagnies de chemins de fer.

Ces tentatives de déclaration d'incompatibilité, qui se fondaient sur la question de savoir si l'article 81 de la loi électorale du 15 mars 1849 avait été, oui ou non, abrogé par l'article 52 de la loi organique électorale du 21 février 1852, visaient notamment MM. Frémy, gouverneur du Crédit Foncier de France, de Soubeyran, sous-gouverneur, Émile et Isaac Pereire, administrateurs de plusieurs Compagnies de chemins de fer.

Nous nous souvenons d'avoir fait à ces tentatives d'incompatibilité dictées par l'esprit le plus contraire à l'esprit nouveau, à l'esprit du dixneuvième siècle, une opposition résolue.

Nous ferons la même opposition à la *proposition Plœuc*, car, river son nom à sa proposition et les rendre inséparables sera le juste châtiment du député de la Seine. De sa part, elle ne peut s'expliquer et se justifier que par la pression d'influences occultes qu'il aurait subies, car sa proposition risque de provoquer contre lui des représailles qui, pour être fondées et souverainement justes, n'en seraient pas moins éminemment regrettables.

M. le marquis de Plœuc est député ; étranger, il a été longtemps à Constantinople, à la tête de la Commission des finances turques ; Français, il est à Paris l'un des administrateurs de la Banque ottomane, établissement étranger. Que penserait-il d'une proposition déposée sur la tribune législative qui, le visant et visant tous ceux des membres de l'Assemblée nationale qui sont administrateurs soit de grandes institutions de crédit, telles que la Banque de France et le Crédit foncier de France, soit de Compagnies de chemins de fer, renouvelleraient les tentatives d'éligibilité restreinte de 1863 et de 1869 ?

Il y a des pentes glissantes sur lesquelles, une fois lancé, il n'est plus possible de s'arrêter. Le responsable est le premier qui a donné l'exemple.

La *proposition Plœuc* est conçue en ces termes :

Article unique. — A l'avenir, nul ne pourra remplir les fonctions de président ni de membre d'un conseil d'administration d'un chemin de fer français, s'il n'est Français, à moins de l'agrément des ministres des travaux publics et de la guerre.

Avant de voter cette proposition, dont l'urgence a été déclarée avec plus d'entraînement que de réflexion, l'Assemblée en mesurera les conséquences :

Elle se demandera ce qu'il arriverait si, par esprit d'initiative ou par voie de représailles, l'Allemagne, l'Autriche, la Belgique, l'Egypte, l'Espagne, la Hongrie, l'Italie, la Russie, la Turquie, adoptaient la même disposition exclusive et déclaraient que les Français ne pourront plus remplir, soit les fonctions de président, soit celles de membres d'un conseil d'administration d'un chemin de fer allemand, autrichien, belge, égyptien, espagnol, hongrois, italien, russe ou turc ?

La Liberté publie ce soir le relevé suivant :

Chemins Lombards, Sud-Autriche et Haute-Italie : MM. le baron de Rothschild, Bartholoni, Cornélis de Witt, Paulin Talabot.

Chemins de l'Espagne : MM. Isaac Pereire, le duc Decazes, Charles Laffitte et comte Clary.

Chemins de fer de la Turquie d'Europe : MM. Talabot, M. Blount.

Chemin de fer de Madrid à Saragosse : M. Teisserenc de Bort.

Chemin de fer de la Suisse occidentale : MM. Baudin, Girod (de l'Ain), de Rainneville.

Chemin de fer portugais : MM. de la Bouillerie, vicomte Daru, Delahante.

Chemins de fer autrichiens : MM. Malet, d'Eichthal, Isaac Pereire, vicomte de la Guéronnière, Henri Germain, Salvador.

A quelles résistances le projet du percement de l'isthme de Suez ne donna-t-il pas lieu de la part de l'Angleterre, qui usa et abusa, à Alexandrie et à Constantinople de tous les moyens d'intimidation, de corruption et d'influence de tous genres sur le vice-roi d'Égypte et ses ministres, sur le sultan et ses conseillers, pour empêcher que la concession n'en fût donnée à un Français ! Ce Français, dont le nom est devenu l'égal des plus illustres, s'appelle Ferdinand de Lesseps !

Avec une prohibition effarée de la nature, de celle réclamée d'urgence par M. de Plœuc, le percement de l'isthme de Suez, déclaré impraticable par le célèbre ingénieur anglais Stephenson, serait encore au nombre des projets que leur grandeur ou leur précocité fait taxer de chimériques, jusqu'au jour où ils sont entrés dans le monde des faits accomplis, et où les négateurs s'écrient avec dédain : « Peuh ! ce n'est que cela ! c'était si facile !! »

Quand cesserons-nous donc de sortir des rails de la liberté, ce grand chemin de l'avenir à qui nous devons tous les progrès économiques qui se sont accomplis en Europe depuis un siècle ! Il y a cent ans la liberté du commerce des grains n'existait pas, et Turgot payait du prix de sa popularité ses efforts pour l'établir. Heureusement qu'elle existe ! car M. de Plœuc la taxerait de dangereuse et s'opposerait à ce qu'elle fût proclamée. Il ameuterait les populations affamées en les menaçant de la disette et de la famine. Il est de l'école de Necker qui, quelques années avant 1789, s'opposait à l'abolition du servage.

Que vise la proposition surannée, irréfléchie et antipatriotique du sous-gouverneur de la Banque de France ? Faut-il le dire ? Ce n'est pas l'étranger, ce n'est pas le Genevois, ce n'est pas M. Bartholony, le président du conseil d'administration de la Compagnie du chemin de fer d'Orléans ; c'est l'étranger qui se nomme M. Simon Philippart.

Quel est son crime ?

Est-il Prussien ?

Non, il est Belge ; il appartient à la nation neutralisée qui sert de frontière diplomatique entre la France et l'Allemagne.

Si son crime n'est pas d'appartenir à une nation rivale ou ennemie, de quelle abomination s'est-il rendu coupable ?

— Il a exécuté, le malfaiteur ! il a exécuté, dans son pays, il a exécuté, en Belgique, plus de 1,500 (quinze cents) kilomètres de chemins de fer (1).

---

(1) Compagnie des Chemins de fer des Bassins houillers du Hainaut, 600 kilomètres.

Idem.	700 —
Idem.	250 —
	1,550 kilomètres.

Ce n'est pas tout ! Les diverses Compagnies dont il est l'âme sont concessionnaires, en France, de 2,225 (deux mille deux cent vingt-cinq) kilomètres de chemins de fer (1).

— Ce n'est pas là un crime !

— Non, mais il méditerait, dit l'accusation, de relier entre eux tous ces tronçons de chemins de fer et d'en former une septième grande ligne.

Où serait le crime, si cette septième grande ligne reliait entre eux les départements délaissés qui souffrent d'être à l'état d'anneaux sans lien entre eux ? si elle donnait satisfaction aux intérêts les plus importants de l'in-

---

(1) Compagnie du Nord-Est.	300 kilomètres.
Compagnie d'Orléans à Rouen.	336 —
Compagnie de Lille à Valenciennes.	989 —
Compagnie de la Vendée.	660 —
	2,225 kilomètres.

La Compagnie du Nord-Est représente un ensemble de lignes qui ont été concédées comme d'intérêt général par la loi du 22 mai 1869, avec garantie de l'Etat pour moitié, et pour l'autre moitié par les départements du Nord, du Pas-de-Calais et de l'Aisne.

Le réseau de la Compagnie d'Orléans à Rouen, dont la ligne principale part d'Orléans et aboutit à Rouen en passant par Chartres, Dreux et Elbeuf, a été constitué par des conventions faites avec les départements du Loiret, d'Eure-et-Loir, de l'Eure et de la Seine-Inférieure, et décrété d'utilité publique les 4 août 1869, 31 juillet 1871, 22 août 1871, 23 janvier 1872, 5 avril 1873, 1er août et 21 novembre 1874. Son réseau a été augmenté par l'adjonction des lignes de l'Oise, de Seine-et-Marne et de Seine-et-Oise.

La Compagnie d'Orléans à Rouen a encore repris de la Compagnie d'Orléans à Châlons l'exploitation d'un certain nombre de lignes.

Enfin, la Compagnie de Lille à Valenciennes, dont la ligne principale a été concédée comme d'intérêt général le 1er juillet 1864, a complété son réseau par l'adjonction de la ligne de Sedan à Lérouville, décrétée le 2 août 1862, et d'un grand nombre de chemins secondaires, concédés depuis 1871 jusqu'en 1874.

La Compagnie de Lille à Valenciennes a repris l'exploitation du chemin de fer de Lille à Béthune et Bully-Grenay par convention d'avril 1872, et a traité de l'exploitation de Valenciennes à Maubeuge, dont la concession remonte au 14 novembre 1871.

(*Lettre de M. Philippart, au rédacteur en chef du* NATIONAL.)

dustrie française, du commerce français et de la marine française ; si elle élevait le cours des obligations émises ; si elle assurait le dividende des actions souscrites ; si, enfin, elle complétait la grande œuvre entreprise en 1852 par M. de Franqueville, « qui a ramassé les différentes compagnies de chemins de fer qui sombraient sur l'écueil de l'isolement (1)? »

La *proposition Plœuc* se masque hypocritiquement derrière « le danger qu'il y aurait à ce que le gouvernement fût obligé de faire ses confidences relativement aux dispositions à prendre pour le transport des troupes, des vivres et des munitions à des administrateurs, s'ils n'étaient pas Français. »

Qu'y a-t-il de réel dans ce prétendu danger? Rien, rien, rien. Est-ce que, en 1870, les Prussiens n'étaient pas informés de tout ce qui se faisait, se préparait, se disait en France dans les bureaux du ministère de la guerre, dans le cabinet des ministres, même dans le cabinet du chef de l'Etat ? Est-ce que le maréchal Niel, est-ce que le maréchal Lebœuf étaient étrangers? Est-ce que M. Rouher, est-ce que le marquis de la Valette, est-ce que le prince de la Tour d'Auvergne, est-ce que le duc de Gramont étaient étrangers? Est-ce qu'enfin l'empereur Napoléon III était étranger?

Nous vivons, heureusement ou malheureusement, heureusement, selon nous, dans un temps où rien n'échappe au règne de la publicité; où il ne faut plus compter que le secret de rien soit gardé; où il faut agir comme si tout ce que l'on a préparé dans le silence et dans l'ombre devait être divulgué, devait être révélé à ceux qui auront un intérêt quelconque à percer le mystère.

Si M. de Plœuc n'est pas de cet avis, c'est qu'il oublie qu'il est en France et qu'il se croit encore en Turquie, où les plus estimés et les plus puissants sont... les eunuques.

L'UNIVERS DU 11 MARS.

Divers journaux et le monde des affaires s'occupent avec intérêt de la proposition soumise à l'Assemblée par M. de Plœuc, dans le but de fermer

(1) *Lettre de M. Philippart au rédacteur en chef du* NATIONAL.

aux étrangers l'entrée, comme membres ou présidents, des conseils d'administration de nos chemins de fer.

L'urgence a été accordée à cette proposition. Il nous semble qu'il eût été mieux de montrer moins de hâte. On n'a pas réfléchi que, s'il y a des étrangers dans nos conseils d'administration, on trouve bon nombre de Français dans les conseils des chemins de fer espagnols, italiens, autrichiens, portugais. Et puis, n'est-il pas fâcheux et puéril de prendre subitement des mesures générales et définitives en vue d'une circonstance particulière, et plus encore à cause d'un individu ?

Voyons ! serions-nous menacés d'un péril immédiat et redoutable, si l'Assemblée, au lieu de déclarer urgente la proposition de M. le marquis de Plœuc, l'avait tranquillement soumise au contrôle des trois lectures ? Est-ce que M. Philippart se proposerait de nous envahir dès demain, à la tête d'une armée belge débouchant par les lignes ferrées dont il est directeur et administrateur !

En dehors des journaux, qui, dans cette affaire, ont tout l'air de parler pour des spéculateurs rivaux du financier belge, *l'Univers* a le premier signalé en la condamnant la hausse rapide, excessive, tapageuse de certaines valeurs. Mais la question des évolutions de la Bourse, si grave qu'elle soit, ne doit pas déterminer une Assemblée à modifier d'*urgence*, c'est-à-dire sans examen suffisant, l'organisation légale des chemins de fer. Cette précipitation s'explique quand il s'agit d'une constitution politique et non quand on s'en prend à ce qui doit durer.

Au fond, nous ne contestons pas qu'il y ait quelque chose à faire. Mais nous trouvons qu'il eût été plus digne et plus sage d'y mettre moins de précipitation et d'émotion.

Il faut songer aussi que la question de nos voies ferrées de second ordre se trouve engagée dans le conflit, qu'il y a là de gros intérêts sur lesquels il est assez difficile de prononcer à première vue.

EUGÈNE VEUILLOT.

LE CONSTITUTIONNEL DU 11 MARS.

Un Incident.

La proposition de M. de Plœuc a une gravité qu'il est bon, croyons-nous, de faire ressortir, avant que l'Assemblée nationale s'engage dans la voie où on l'invite à entrer.

Là, comme toujours, il faut qu'il n'y ait pas de surprise et que ce que l'on décidera soit décidé après mûre réflexion et non d'enthousiasme.

Nous n'avons pas besoin de dire que nous nous plaçons au seul point de vue de l'intérêt général et de l'équité, au seul point de vue surtout de l'intérêt général français.

Déjà un journal a fait cette observation absolument juste :

M. le marquis de Plœuc, sous-gouverneur de la Banque de France, a-t-il bien réfléchi, en déposant ce projet, dont l'Assemblée a admis l'urgence, qu'il pouvait avoir un contre-coup funeste, qu'il devait amener fatalement des représailles ? En Italie, en Autriche, en Russie, en Espagne, des Français ne dirigent-ils pas des Compagnies de chemins de fer ? Quelle va être leur situation après le vote d'aujourd'hui ?

Enfin, la mesure proposée aura-t-elle les effets qu'on en attend ? Comment empêchera-t-on un étranger de prendre un prête-nom, de diriger, sans être en titre, telle ou telle Compagnie ?

La résolution que l'Assemblée nationale est provoquée à prendre entraînera nécessairement des représailles.

En effet, si nous mettons en état de suspicion les capitalistes étrangers, les étrangers établiront à leur tour le blocus autour de nos capitalistes. Qu'y gagnerons-nous ?

A la tête de la Société autrichienne I.R.P. et des chemins de fer de l'Etat, nous voyons :

MM. Pereire (Isaac), d'Eichthal, duc de Galliera, Pereire (Henry), Germain (H.), Mallet (Ch.), de Heeckeren (baron), Bailleux de Marizy, la Géronnière (vicomte de), Salvador (C.), Ronna (A.).

A la tête de la Société des chemins de fer du Sud de l'Autriche et de la Haute-Italie, nous voyons :

MM. Rothschild (baron Alphonse de), Rothschild (baron Gustave de), Bartholony (F.), Blount (E.), Galliera (duc de), la Rosière (E. de), Lionel de Rothschild (baron), Cornélis de Witt.

Aux chemins de fer du Nord de l'Espagne, nous voyons :

MM. Bailleux de Marizy, Delessert (E.), de la Poëze (vicomte), Fournal (H.), Haber (baron de), Pereire (Isaac), Pereire (Eugène), Poncelet, Richemont (baron de), Guérin de Litteau.

Aux chemins de fer de Madrid à Saragosse et à Alicante, six Français;

Aux chemins de fer espagnols de Saragosse à Pampelune et Barcelone, cinq Français.

Au chemin de Cordoue à Séville, neuf Français.

A la tête de la Compagnie royale des chemins portugais, sept Français.

Dans quelle situation la proposition de Plœuc ne place-t-elle pas tous ces honorables directeurs ou administrateurs de chemins de fer, intéressés à surveiller l'emploi que l'étranger fait de leurs capitaux ?

Sous prétexte de patriotisme, nous allons exposer les plus considérables de nos concitoyens à des rigueurs dont notre prospérité économique devra nécessairement souffrir ; ce sera une véritable razzia de Français à l'étranger.

Sans doute l'Assemblée est l'absolue maîtresse de ses résolutions ; mais il importe qu'elle sache bien où la proposition de Plœuc la mène.

Le patriotisme est un mobile puissant, capable de produire les plus grandes choses, mais à la condition qu'il soit éclairé, réfléchi, et que, sous prétexte de faire les affaires du pays ou de le préserver d'un péril imaginaire, on ne l'expose pas à des dangers réels.

Il n'est pas de questions qui n'aient leur côté spécieux. Celle-là est du nombre.

Encore une fois, ne nous occupons pas des personnes, qui disparaissent devant l'importance du débat soulevé. Envisageons le principe, le principe seul et les conséquences qu'il devra nécessairement avoir.

LE MÉMORIAL DIPLOMATIQUE DU 13 MARS.

La Proposition de M. de Plœuc et la Guerre aux capitaux étrangers.

La semaine dernière, au moment où la crise ministérielle, passée à l'état aigu, semblait avoir énervé les esprits les mieux trempés, M. le marquis de Plœuc, sous-gouverneur de la Banque de France et membre de l'Assemblée nationale, est parvenu à émotionner l'opinion publique. On dirait vraiment que c'est une gageure de la part de l'honorable M. de Pleuc : il a voulu prouver que si quelque chose, dans ce pays, est de nature à distraire le public des questions de hautes politique, c'est l'atteinte aux graves intérêts du travail, de l'épargne et du crédit financier. M. de Plœuc a gagné la partie ; sa proposition a fait diversion à la politique générale.

Voici les termes de sa motion, précédée des motifs :

« En temps de guerre, les chemins de fer sont, vous le savez, une arme redoutable.

» Vous l'avez si bien compris que, d'accord avec le Gouvernement et la Commission de l'armée, vous avez, dans la séance du 5 janvier dernier, renvoyé à l'examen de cette Commission un amendement de l'honorable M. Varroy, stipulant que dans un rayon de 100 kilomètres à partir de la frontière, les agents de l'exploitation des chemins de fer français devront être agréés par les ministres des travaux publics et de la guerre.

» Mais encore faut-il prévoir le cas où la direction de l'exploitation d'un ou de plusieurs de nos chemins de fer français arriverait aux mains d'un étranger.

» Que servirait, comme le demande l'honorable M. Varroy, que les simples soldats de l'exploitation fussent agréés par les ministres compétents, si celui qui les commande en chef, celui auquel le Gouvernement est obligé de faire ses confidences relativement aux dispositions à prendre pour le transport des troupes, des vivres, des munitions, n'a aucun lien qui le rattache à notre patrie, s'il n'est pas Français ?

» Sans entrer dans plus de développements sur une proposition dont l'urgence n'échappera à personne, j'ai l'honneur de vous soumettre la proposition suivante :

PROPOSITION DE LOI.

Article unique.

« A l'avenir, nul ne pourra remplir les fonctions de président, ni de membre d'un conseil d'administration d'un chemin de fer français, s'il n'est Français, à moins de l'agrément des ministres des travaux publics et de la guerre. »

L'Assemblée, sous l'empire d'un sentiment de patriotisme irréfléchi, a voté l'urgence de cette proposition, qui sera discutée très-prochainement à la tribune. Nous aimons à croire que, mieux éclairée sur la portée de cette proposition, l'Assemblée refusera de s'y associer, et nous nous permettons, à notre point de vue d'organe international, d'exposer brièvement les raisons qui justifieraient ce refus.

Quelques mots d'abord sur les circonstances particulières dans lesquelles se produit la motion de M. de Plœuc. Nous sommes persuadés que l'honorable sous-gouverneur de la Banque de France s'est inspiré des motifs du plus pur patriotisme : malheureusement sa démarche coïncide avec des bruits qui n'ont rien à faire avec le patriotisme et l'intérêt national. On se dit tout bas que la proposition est dirigée contre un financier étranger qui, depuis quelque temps, a pris une grande position sur la place de Paris. On se dit encore que le même étranger, grâce à un groupement habile des forces financières de notre pays, a produit une hausse sur les valeurs, alors que ses adversaires étaient engagés dans un mouvement de baisse. Dans la grande politique, les individus et les intérêts privés jouent, bien souvent, un rôle prépondérant : aussi le public se demande si, par hasard, il n'en serait pas de même pour la proposition de M. de Plœuc, qui, si elle était adoptée, lèserait fortement les intérêts de notre pays, et, par dessus tout, le couvrirait de ridicule.

L'Assemblée nationale est-elle disposée à se faire l'instrument du patriotisme mal entendu de la proposition de Plœuc et des intérêts équivoques qui paraissent vouloir s'en emparer? Nous voulons en douter.

Arrêtons-nous un instant à l'examen de la double situation, au point de vue des entreprises industrielles et financières, qui est faite aux étrangers en France et aux Français à l'étranger.

La France, jusque vers le premier quart de notre siècle, si elle a été l'initiatrice de l'Europe des idées humanitaires, est restée bien en arrière sous le rapport du mouvement industriel. A part certaines branches de manufacture indigène, elle n'a pas affronté les gigantesques entreprises de l'Angleterre. C'est ce dernier pays, avec ses capitaux et ses ingénieurs, qui a posé les fondations de notre grand réseau de chemins de fer. Ce sont les banquiers anglais, belges, hollandais, allemands et italiens qui, en demandant notre hospitalité, ont créé ces grands établissements de crédit, auxquels se sont associés ensuite les capitaux et les intelligences commerciales de notre pays. Qui niera aujourd'hui que le concours de ces capitaux étrangers ait produit les plus heureux résultats sur notre développement économique ? Qui repoussera de notre sein des hommes honorables, devenus les nôtres par leur collaboration à nos entreprises les plus glorieuses et par les liens étroits qui ont fini par les rattacher à la France, leur pays d'adoption ?

L'homme que la proposition de M. le marquis de Plœuc vise, suivant l'opinion généralement accréditée, est un Belge, c'est-à-dire le sujet d'une nation qui est placée sous la garantie collective de l'Europe, qui ne peut faire la guerre, et que l'on ne saurait attaquer sans qu'aussitôt les grandes puissances européennes interviennent en sa faveur. Quel danger politique nous menace donc de ce côté ? Serait-ce la première fois qu'un Belge occupe une position élevée dans les grands établissements financiers et industriels de France ? Evidemment, non ! Trop de personnages se présentent à l'esprit de tout le monde, pour qu'il soit nécessaire d'en citer quelques-uns. Pourquoi donc se montrerait-on particulièrement hostile à celui dont le nom est en ce moment dans la bouche de tout le monde ? Ce n'est pas un vulgaire spéculateur ; c'est un financier qui fait servir ses propres capitaux et ceux de ses amis à la construction des chemins de fer. Il en a exécuté, en Belgique, plus de 1.500 kilomètres, et il est, en France, à la tête de Compagnies concessionnaires de 2.225 kilomètres. Il se propose, dit-on, de relier entre elles ces diverses lignes et de créer ainsi une grande ligne destinée à porter la vie et le bien-être dans des départements privés de communications locales. Et c'est dans cette voie que la motion de M. de Plœuc viendrait l'arrêter sous prétexte qu'il est Belge !

Nous avons vainement cherché, dans le court Exposé des motifs de M. de Plœuc, un argument de nature à justifier les appréhensions ou les susceptibilités du patriotisme français. M. de Plœuc lui-même n'indique pas le moindre inconvénient qu'offrirait la présence d'étrangers à la tête ou au sein du conseil d'administration d'un chemin de fer français. Son unique préoccupation, à ce sujet, porte sur les temps de guerre : préoccupation légitime, à la condition qu'elle soit vraiment fondée. Or, on sait qu'en temps de guerre, le Gouvernement dispose absolument des chemins de fer; il les occupe militairement; il les réquisitionne pour tous ses services, et il en place les administrations sous les ordres des commandants d'armée et des officiers du génie. Quant aux directeurs étrangers de ces exploitations, ils partagent le sort général des étrangers ; le Gouvernement peut les éloigner de leur position; il peut même les éloigner du sol français, et il ne sera nullement disposé, comme le prétend M. de Plœuc, à les initier aux mouvements de troupes et aux mesures relatives à l'approvisionnement de ses armées.

Voilà, cependant, en quoi consiste tout le raisonnement de M. de Plœuc en faveur de sa motion. Avons-nous besoin de dire que cette motion manquerait même son effet immédiat? La loi ne saurait atteindre les positions actuellement acquises; les titulaires visés par M. de Plœuc garderaient donc leurs places, en attendant une guerre qui, il faut l'espérer, n'est pas proche, et qui mettrait le Gouvernement en situation d'user du pouvoir discrétionnaire dont il est armé vis-à-vis des étrangers. Quant à l'avenir, il est certain que l'adoption du projet de M. de Plœuc n'amènerait pas les capitalistes français à revenir à des principes étroits d'un autre âge, pas plus qu'il n'empêcherait les capitalistes étrangers d'éluder la loi au moyen de prête-noms derrière lesquels ils dissimuleraient leur direction et leur influence.

Nous voudrions pouvoir affirmer avec la même certitude que, sous un autre rapport, les intérêts nationaux ne seraient point atteints par l'adoption du projet de loi de M. de Plœuc. Malheureusement, nous ne saurions rassurer le public sur ce point.

En effet, après avoir accueilli chez elle les étrangers venus pour lui apporter le concours de leur talent et de leurs capitaux, la France a, à son tour, aidé les pays étrangers de ses économies et du travail de ses enfants. Une énumération complète des établissements créés et administrés à l'étranger par des Français serait longue. Quelques exemples entre autres suffiront à notre démonstration.

C'est ainsi que le canal de Suez a été creusé par l'illustre M. de Lesseps avec le concours des capitaux français.

A la tête des chemins de fer de Lombardie, de Sud-Autriche, de Haute-Italie, nous voyons MM. de Rothschild, Bartholony, Cornélis de Witt, Paulin Talabot.

Dans l'administration des chemins d'Espagne, nous rencontrons MM. Pereire, le duc Decazes, Charles Laffitte, le comte Clary; dans celle des chemins de Turquie, MM. Talabot et Blount ; au chemin de Madrid à Saragosse, M. Teisserenc de Bort; au chemin de la Suisse occidentale, MM. Baudin, Girod (de l'Ain), de Rainneville.

Aux chemins de fer portugais, nous trouvons MM. de la Bouillerie, le vicomte Daru, Delahante, et aux chemins de fer autrichiens, MM. Malet, d'Eichthal, J. Pereire, le duc de Galliera, le vicomte de la Guéronnière, H. Germain, le baron de Heeckeren, Bailleux de Marizy, Salvador.

Et nous n'avons parlé que des chemins de fer, sans mentionner les nombreuses banques et les établissements de crédit à l'étranger, administrés ou gérés par des Français. La plupart de nos hommes considérables dans la finance, l'industrie, le commerce et dans la politique, y figurent. Bien plus! par une singulière ironie du destin, l'honorable M. de Plœuc lui-même est un des administrateurs de la Banque Ottomane, aujourd'hui le grand receveur général du gouvernement turc. Or ces administrateurs français ne sont pas placés dans ces établissements étrangers uniquement pour y occuper des fonctions plus ou moins lucratives; ils y surveillent le bon emploi et la gestion régulière des capitaux français engagés dans ces entreprises, capitaux que l'on peut évaluer à un minimum de 6 milliards. Qu'aurions-nous à dire si les pays étrangers exerçaient des représailles contre nos nationaux, en les éloignant de ces positions et en privant ainsi les porteurs de titres français d'une garantie précieuse qui les a déterminés peut-être à placer leurs économies dans des pays lointains?

Nous nous sommes déjà étendu trop longuement sur la question. Il est impossible que les rapides considérations que nous venons de présenter n'aient pas frappé la majeure partie de nos députés. Les sentiments les plus sacrés peuvent, par leur exagération, produire des maux incalculables.

Il a fallu un demi-siècle pour faire pénétrer chez nous, si entichés de liberté politique, l'idée de la liberté commerciale et industrielle. Et aujourd'hui où l'on déclarerait fou celui qui, sous un prétexte quelconque, viendrait proscrire de notre marché les produits de l'industrie étrangère, on songerait à décréter la proscription du capital étranger, qui vient fertiliser nos départements et féconder notre commerce!

Nous sommes convaincu que l'Assemblée nationale ne voudra pas sanctionner par son vote une pareille mesure. En plein dix-neuvième siècle, et dans notre pays de France, elle aurait un caractère d'hostilité à l'égard de peuples amis, en même temps qu'elle se présenterait comme une véritable monstruosité économique, indigne d'une nation aussi avancée en civilisation que la nation française.

LE **PETIT JOURNAL** DU 14 MARS.

Une Loi d'exception.

Les députés à l'Assemblée nationale doivent nommer aujourd'hui samedi, dans leurs bureaux, les membres de la commission chargée d'examiner la proposition de loi suivante, présentée par M. le marquis de Plœuc et pour laquelle l'urgence a été déclarée :

« A l'avenir, nul ne pourra remplir les fonctions de président ni de membre d'un conseil d'administration d'un chemin de fer français, s'il n'est Français, à moins de l'agrément des ministres des Travaux publics et de la Guerre. »

Cette proposition a causé un grand émoi dans le monde financier; elle est très-discutée déjà et soulèvera vraisemblablement de vifs débats ; nous devons, suivant notre habitude, l'expliquer et l'étudier.

Le titre seul de cet article indique que nous la repoussons.

Nous la repoussons, parce qu'elle serait une loi d'exception, que ne justifie pas un danger public, et parce qu'elle pourrait avoir des conséquences économiques des plus fâcheuses.

Il est avéré que la proposition de M. de Plœuc ne vise qu'un homme, M. Philippart.

M. Philippart est un industriel belge, qui, ne trouvant plus dans son pays, qu'il a doté de quinze cents kilomètres de chemins de fer, un champ assez vaste pour son activité, est venu en France où il a pris très-rapidement une grande situation financière.

Je n'ai pas à apprécier l'influence qu'il a exercée sur la cote de la Bourse; je ne connais pas M. Philippart, je ne le verrai sans doute jamais. Il ne s'agit ici que d'une question de principe.

Est-il juste, est-il politique de repousser le concours des étrangers?

Est-il avantageux, est-il utile de l'accepter ?

Toute la question est là.

Or, il est un fait certain, c'est que le territoire français est pauvre en chemins de fer; c'est que, à part les grands réseaux qui de Paris, centre, vont aux points extrêmes, nous n'avons pas un système complet de voies de communication.

Consultez une carte spéciale des chemins de fer, et particulièrement celle que M. Panisset, de Lyon, a obtenue par le procédé du papier peint, ce qui est un véritable progrès industriel, et vous verrez combien de lacunes restent à combler.

Dès que l'on s'écarte des lignes directes partant de Paris et aboutissant à Paris, il faut faire des détours énormes et subir des transbordements sans fin.

Je ne veux pas citer d'exemples, pour ne pas m'exposer à paraître plaider une cause.

Or, M. Philippart a entrepris de combler une partie de ces lacunes. Il est concessionnaire de 2,225 kilomètres de chemins de fer à exécuter en France.

Ces chemins sont :

Nord-Est.	300 kil.
Orléans à Rouen.	336 —
Lille à Valenciennes.	989 —
Vendée : Sables-d'Olonne à Montluçon. .	600 —
	2.225 kil.

Il aspire, dit-on, à réunir ces lignes pour en former un nouveau grand réseau qui desservirait largement tout le littéral de l'Océan.

Que ce projet soit avantageux pour le pays, cela n'est ni contestable ni contesté. Mais M. Philippart est étranger, et l'auteur de la proposition met en avant un argument qui chatouille toujours agréablement la fibre française : « Nous sommes assez forts pour faire nos affaires nous-mêmes, et nous serons certains qu'elles seront mieux faites ; en cas de guerre, il n'y aurait à craindre ni indiscrétion ni mauvais vouloir. »

L'observation serait sans réplique s'il s'agissait d'un ennemi de la France, et alors la proposition de M. de Plœuc serait beaucoup trop douce, car il y aurait nécessité patriotique à voter une loi d'exception.

Mais nous raisonnons dans une hypothèse de travaux publics et d'opérations financières.

Certes, mon amour-propre national serait très flatté si toutes les grandes entreprises étaient dirigées par des Français; mais, dans le cas spécial dont il s'agit, je trouve des compensations nombreuses.

C'est un Français qui a réalisé l'œuvre immense du percement de l'isthme de Suez. M. de Lesseps a dû vaincre l'hostilité de l'Angleterre, qui pesait de tout le poids de son quasi-protectorat sur les Gouvernements turc et égyptien. Eût-il pu surmonter les obstacles diplomatiques, si une loi de Plœuc avait été en vigueur en Turquie et en Egypte ?

Veut-on savoir combien de Français sont administrateurs de chemins de fer étrangers ? En voici la liste.

Chemins Lombards, Sud-Autriche et Haute-Italie : MM. le baron de Rothschitd, Bartbolony, Cornélis de Witt, Paulin Talabot.

Chemins de l'Espagne : MM. Isaac Pereire, le duc Decazes, Charles Laffite et comte Clary.

Chemins de fer de la Turquie d'Europe : MM. Talabot, Blount.

Chemin de Madrid à Saragosse : M. Teisserenc de Bort.

Chemin de fer de la Suisse occidentale : MM. Baudin, Girod (de l'Ain), de Rainneville.

Chemins de fer Portugais : MM. de la Bouillerie, vicomte Daru, Delahante.

Chemins de fer Autrichiens : MM. Malet, d'Eichtal, Isaac Pereire, vicomte de la Guéronnière, Henri Germain, Salvador.

Ces divers gouvernements prendraient sans doute à l'égard des Français des mesures analogues à celle que propose M. de Plœuc, si la loi était votée.

M. de Plœuc lui-même, quoique sous-gouverneur de la Banque de France, est administrateur à Paris de la Banque ottomane, établissement étranger.

Il a été pendant longtemps à Constantinople à la tête de la commission des finance sturques. Qu'eût-il dit si, un beau jour, sans preuve, on l'eût évincé en lui disant : « Vous êtes un agent de la France? »

Je sais bien que les situations financières exceptionnelles portent ombrage et suscitent la défiance.

Mais de la vigilance commandée par le patriotisme à l'exclusion, il y a une énorme distance que M. de Plœuc, avec sa proposition, me paraît vouloir franchir tout d'un coup.

Il oublie aussi que l'esprit moderne tend de plus en plus à supprimer les incompatibilités.

La loi électorale de 1849 excluait de l'Assemblée nationale les « directeurs et administrateurs de Chemins de fer » (art. 81). En 1863 et en 1869, il y eut deux tentatives pour faire revivre cette restriction, le Corps législatif décida en 1869 comme en 1863, que la loi de 1849 n'était plus en vigueur, et conserva ceux de ses membres qui étaient dans la situation prévue.

En matière d'exclusion et d'exception, il faut d'abord démontrer l'indignité de ceux que l'on veut atteindre.

Pour être administrateur de chemins de fer, on n'en est pas moins honnête homme.

Pour être étranger, on n'est pas nécessairement indigne d'être utile à la France.

THOMAS GRIMM.

LE **XIXe SIÈCLE** DU 14 MARS.

Mandataires et Mandants.

Je passe ma vie à me faire expliquer les choses de la Bourse, sans arriver jamais à les bien comprendre toutes. Il y a toujours, dans ce monde spécial des affaires, certains mystères dont le secret m'échappe et qui étonnent mon ingénuité.

J'achète dix actions d'un chemin de fer quelconque; il est clair que j'ai dès ce jour dix raisons excellentes de souhaiter que ce chemin de fer soit bien administré, qu'il fasse de fortes recettes et me donne de meilleurs dividendes. Si j'en possède cent ou mille, j'ai cent et mille fois plus d'intérêt encore à ce que ce grand navire sur lequel j'ai placé une partie de ma fortune ait des pilotes prudents, expérimentés et habiles.

A plus forte raison, si j'en ai cinq mille, dix mille, vingt mille. L'intérêt que j'ai à la prospérité de l'affaire croît même dans une proportion bien plus rapide que le nombre de mes actions. Car enfin, si je n'ai que dix actions, et que je voie péricliter la chose, je n'ai qu'à les vendre; ma perte ne sera pas bien grosse. Si j'en ai vingt mille, et que je veuille m'en débarrasser tout d'un coup, la masse des papiers que je jetterai à la fois sur le marché déterminera une baisse inévitable, et le déficit de ma bourse s'augmentera de cette différence de prix que j'aurai provoquée moi-même.

Mais je suppose (ce n'est qu'une hypothèse, hélas !) que le capital social d'un chemin de fer étant réparti entre cent mille actions, j'en possède cinquante-cinq mille; il est évident que j'ai à moi seul plus d'intérêt que tous les autres actionnaires réunis à ce que l'affaire où j'ai mis tant d'argent soit remise à des mains capables, qui en tirent le meilleur parti possible.

C'est là une vérité si simple, si évidente, que je ne comprends pas même qu'on la puisse contester.

Elle se résume dans cette proposition, qui ressemble à une Lapalissade :

Tout actionnaire a intérêt à ce que son action lui rapporte le plus gros intérêt possible; il a donc intérêt à choisir pour gouverner la Société l'homme ou les hommes qu'il juge le plus en état de la bien conduire.

Par cela même que c'est son intérêt, c'est son droit.

Quand je fonde une maison de commerce, j'ai le droit d'en nommer le gérant, par la simple raison que c'est mon argent qui est dans l'entreprise, et qui sera englouti, si elle va mal. Si je frête un vaisseau de commerce, j'en puis choisir le capitaine, car si le bâtiment fait naufrage, c'est moi qui serai ruiné.

Il y a un vieux proverbe qui dit que celui-là est le maître qui tient les cordons de la bourse. Eh ! oui ! toutes les fois que je hasarde mon pauvre argent dans une entreprise, quelle qu'elle soit, j'y dois avoir une part d'autorité et de surveillance proportionnée à la somme que j'y ai mise.

Propriétaire d'une action, je suis maître pour un cent millième; propriétaire de cinquante mille actions, je suis maître pour moitié; pour plus de moitié, si j'en possède cinquante-cinq mille; et c'est à moi qu'il appartient, dès lors, de choisir les gérants qui, sous le nom d'administrateurs ou directeurs, seront chargés de conduire une affaire où j'ai la plus grosse part de risques.

Et notez que les petits actionnaires y trouvent leur compte. Leur intérêt visible est que le pouvoir soit aux mains d'un homme fortement engagé dans l'entreprise : il faudrait qu'un monsieur qui n'a pas un sou dans l'affaire fût un saint, pour s'en occuper avec le même zèle et la même clairvoyance qu'un capitaliste qui a jugé à propos d'y fourrer la moitié de sa fortune.

Comment se fait-il donc que l'on pousse les hauts cris, si l'on voit un financier, de quelque nom qu'il se nomme, ramasser le plus d'actions qu'il peut d'un chemin de fer, afin d'y prendre la haute main, et s'emparer de l'administration ?

Il me semble qu'il fait là une chose toute naturelle, que les petits actionnaires feraient tous ensemble, s'il leur était plus facile de s'entendre. Je n'ai que dix actions, cela est vrai; mais si je trouvais cinq mille personnes qui en eussent autant que moi, et si je venais à bout de leur persuader que la direction est mauvaise, est-ce que nous ne serions pas, à nous tous, grâce à notre coalition, les maîtres de renvoyer nos mandataires, que nous aurions trouvés ou incapables ou infidèles?

Eh bien ! le financier qui a le moyen de réunir les 55,000 actions est, à lui tout seul, cette coalition. Il achète à prix d'argent le droit de dire à ses mandataires : Vous ne me convenez plus; allez-vous-en; j'ai donné ma confiance à d'autres.

Là-dessus, on s'exclame, on le traite d'accapareur, on le menace de la justice.

Et pourquoi la justice ? contre qui les gendarmes ? Il est dans la vérité, dans le droit, dans la justice, dans le sens commun, dans la logique.

Qui prétend-on protéger contre lui ?

Ce ne sont pas les actionnaires, dont les intérêts sont identiques aux siens ; ce n'est pas l'entreprise même, puisqu'il y est plus engagé que personne.

Mais qui donc alors ?

C'est la question qu'avec l'étonnement naïf d'un profane, je posais à l'un des écrivains qui savent le mieux la Bourse.

— A qui en a-t-on, lui disais-je, et pourquoi cette rumeur ?

— Vous vous piquez, me répondit-il, d'être moraliste, et d'aller au fond de tous les préjugés, pour en découvrir la fausseté ou le ridicule. Eh bien! mon ami, il y a là un préjugé d'autant plus bizarre, d'autant plus inexplicable, qu'il tient cette fois au peu de clairvoyance des intérêts qui pourtant ne sont pas d'ordinaire si aveugles.

Ce sont, comme vous l'avez fort bien remarqué, les actionnaires qui paient, et ce sont les administrateurs qui sont payés par eux. Il semblerait donc naturel que ce fût l'administrateur qui relevât de l'actionnaire, et non l'actionnaire de l'administrateur. Eh bien! en France, c'est tout le contraire : c'est l'actionnaire qui est l'homme-lige, la proie, la chose de l'administrateur; c'est lui qui paie et qui est battu, et par dessus le marché, content.

Il s'est formé, dès l'origine des chemins de fer, une sorte de féodalité nouvelle qui a mis la main sur ces vastes entreprises, qui en est aujourd'hui en possession, et qui se croit un droit divin de les diriger à sa guise, pour son plaisir et son profit.

L'administration des grandes lignes appartient généralement à la haute finance. On y trouve aussi les décavés de la haute politique, qui, dans ces sortes de places, très-chèrement rétribuées, ont comme des bureaux de tabac, d'un rendement supérieur, et qui s'imaginent en être les titulaires inamovibles.

Les uns comme les autres, ils ignorent toutes les questions qui sont de leur ressort apparent. Les chemins de fer, qu'ils font mine d'administrer, leur sont étrangers ou indifférents. Du haut de leur grandeur, ils les regardent aller leur train, tandis qu'au-dessous une bureaucratie, bien dressée, les dirige pour eux.

Vous comprenez qu'ils tiennent à ces places lucratives, qu'ils s'y attachent, qu'ils regardent comme le renversement de toute hiérarchie une révolution qui tendrait à les en déposséder.

Comment! ils sont le faubourg Saint-Germain de la politique et de la finance! Ils sont les grands seigneurs de l'administration! Et voilà que le peuple des actionnaires, ce faubourg Saint-Antoine des petits capitalistes vient les relancer dans leurs sinécures et se permet de les y secouer.

— Que nous veulent ces croquants? Nous leur faisons trop d'honneur en nous chargeant de leurs affaires. Les voilà qui s'ingèrent d'être nos maîtres, sous cet absurde prétexte qu'ils nous paient! La belle raison, en vérité! ce sont là des prétentions insupportables! Nous avons droit de basse et haute justice sur cette multitude! elle n'en a d'autre, elle, que de nous apporter son argent.

Allons! actionnaires, rentrez en vous-mêmes, reprenez le sentiment de votre humilité, et baisez la main qui vous administre.

Ne serait-ce pas le cas de répéter le fameux mot de Sieyès :

« Que devraient être les actionnaires?

« Tout.

« Que sont-ils à cette heure?

« Rien. »

Les gentilshommes de la finance auront beau faire, cet état de choses ne saurait durer bien longtemps.

FRANCISQUE SARCEY.

IMPRIMERIE CENTRALE DES CHEMINS DE FER. — A. CHAIX ET Cie, RUE BERGÈRE, 20. — 4823-5.

www.ingramcontent.com/pod-product-compliance
Ingram Content Group UK Ltd.
Pitfield, Milton Keynes, MK11 3LW, UK
UKHW020254220726
13923UKWH00002B/921

9 782019 302